Jine Knapp, Doris Rittberger

BADESPASS

Eintauchen in natürliche Gewässer.

Wien & Umgebung

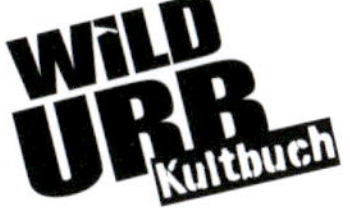

verlag rittberger+knapp

Die Informationen in diesem Buch wurden mit größter Sorgfalt recherchiert. Dennoch können Fehler nicht vollständig ausgeschlossen werden. Die Benutzung dieses Buches und die Umsetzung der darin enthaltenen Informationen erfolgt ausdrücklich auf eigenes Risiko. Verlag, Autoren und Lektor können für etwaige Unfälle und Schäden jeder Art, die sich bei Besuch von oder Anreise zu in diesem Buch beschriebenen Orten ergeben, aus keinem Rechtsgrund Haftung übernehmen.

Alle Anreiseangaben ohne Gewähr.

Edition WildUrb
ISBN: 978-3-902999-57-3
1. Auflage Juli 2024

Autoren: Jine Knapp, Doris Rittberger
Lektorat: Loris Knoll BSc. (grüngrätzlwege.at)
Medieninhaber: Rittberger+Knapp OG, Verlagsort: Mödling
Hersteller: Finidr, s.r.o., Herstellungsort: Tschechien
Coverfotos: ©WildUrb

 Kommentare und Fragen gerne an:
office@rittbergerknapp.com

www.wildurb.com
www.rittbergerknapp.com

Inhalt

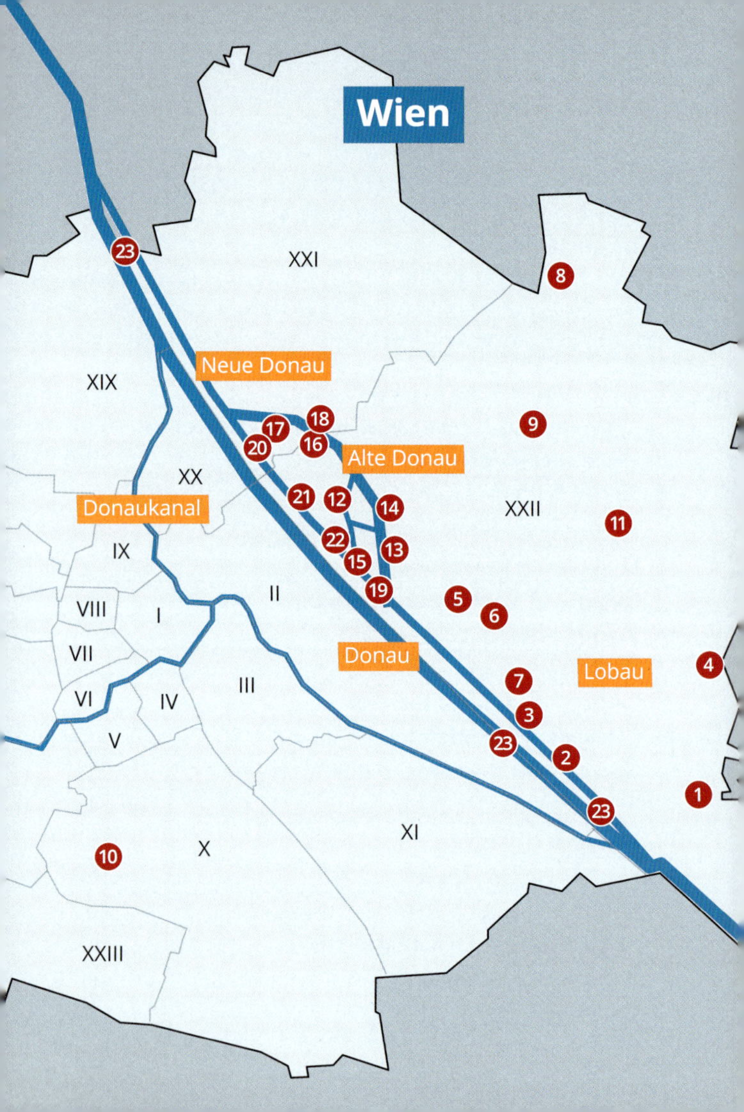
Wien
XXI
XIX
XX
IX
VIII
I
II
VII
VI
IV
III
V
X
XI
XXIII
XXII
Neue Donau
Alte Donau
Donaukanal
Donau
Lobau
1
2
3
4
5
6
7
8
9
10
11
12
13
14
15
16
17
18
19
20
21
22
23

Umgebung

ONLINE-ÜBERSICHT

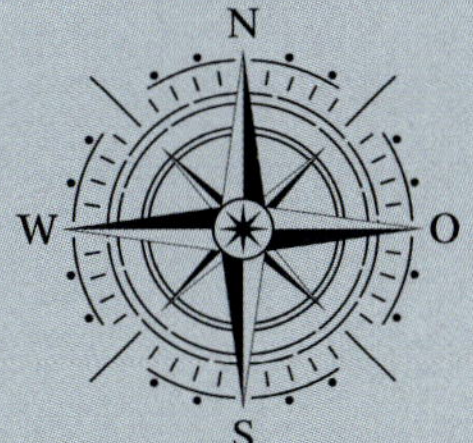

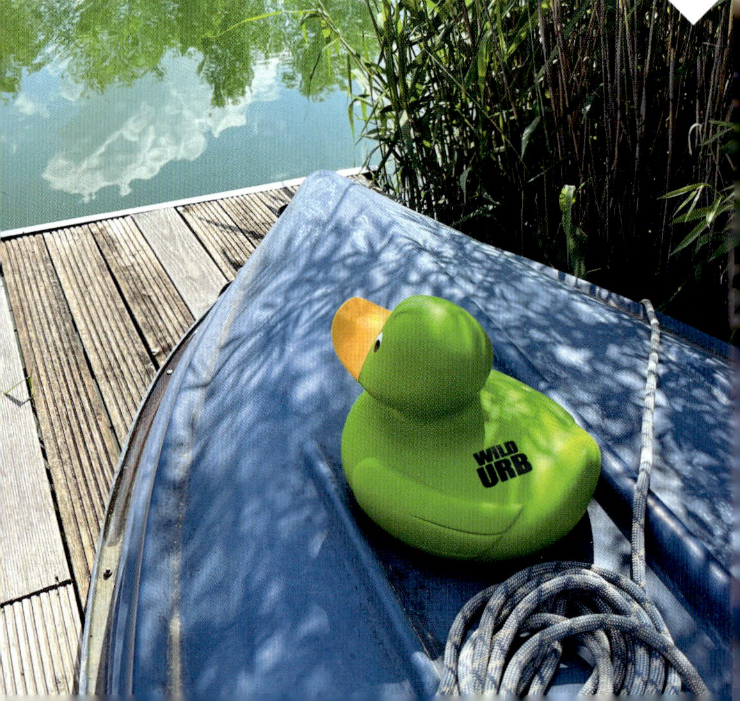
WILD
URB

Willkommen

Glitzerndes Wasser, in dem sich die Wolken spiegeln, feiner Sand zwischen den Zehen und ein Vitamin-D-Shot in Form von Sonnenstrahlen auf unserer Haut – nein, wir sind nicht in der Südsee oder auf einer griechischen Insel gelandet. Wir sind in Wien und Niederösterreich in smaragdgrünes Wasser getaucht und in echtem Vöslauer Mineralwasser geschwommen. Wir durften die Seitenarme der Donau erkunden, die Donauinsel an beiden Enden erobern, haben Buchten und Strände gefunden und bisher unbekannte Naturbadeplätze entdeckt. Wo sind Hunde offiziell erlaubt, wo kann in eiskaltem Quellwasser oder gar nackt gebadet werden und wo sind die Ufer flach und die Stege lang? Komm mit, hier gibt es den ganzen Sommer lang Badespaß!

Alle Places sind online

Unsere Orte kannst du ganz einfach am Handy abrufen: QR-Codes aus dem Buch mit der Handykamera scannen, Karte öffnen, Place anklicken und schon kann es losgehen.

PLACE 1

Romantisch

Donau-Oder-Kanal II

ADRESSE
1220 Wien, Lobau
Nationalparkcamp Lobau

BESONDERHEITEN
- Glasklares Wasser
- Ursprünglicher Auwald
- FKK-Bereiche entlang des Kanals

Wir starten von Wien aus an der Lobgrundstraße, gehen auf dieser ein Stück geradeaus, zweigen dann in den Wald ab und folgen dem gut beschilderten Napoleonrundweg (den blauen Wegweisern folgend) bis zum Badeplatz Donau-Oder-Kanal II – Richtung Groß-Enzersdorf. Falls wir von Groß-Enzersdorf aus starten, gehen wir am Nationalpark-Camp Lobau vorbei, immer geradeaus bis zum Uferhaus Staudigl und den Untere-Lobau-Rundweg (violette Route) entlang. Die Anreise kann gut mit einer gemütlichen Radtour oder einer Wanderung durch die Lobau verknüpft werden. Zwei der insgesamt vier Becken des aus dem 2. Weltkrieg stammenden und nie fertiggestellten Kanals, der die Donau mit der Oder verbinden sollte, sind zum Schwimmen und Planschen freigegeben. Der schönere Place der beiden ist DOK II, der zwar nicht mehr so geheim ist wie früher, aber immerhin auch als nicht ganz so mainstreamig und überlaufen wie andere Wildbadestellen in der Lobau beschrieben werden kann. Wo andernorts schon alle Liegeplatzerl besetzt sind, gibt es hier immer das eine oder andere ungestörte Eckerl, um das eigene Handtuch auszubreiten. Rund um das Becken finden sich zahlreiche Buchten und Abgänge, teils mit praktischen Betonstufen, die ins Wasser reichen und hölzernen Geländern zum Festhalten. So klar und durchsichtig wie das Wasser in einem geputzten Aquarium, kann man vor allem in Ufernähe sogar den Grund sehen und es gibt Wasserpflanzen, die bis an die Oberfläche wachsen, uns aber beim Durch- und Daranvorbeischwimmen nicht stören.

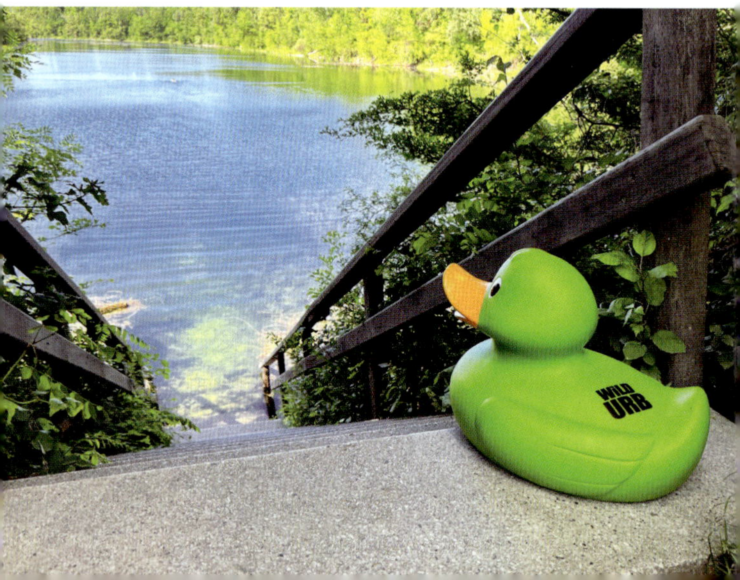

Wer gerne ausgiebig schwimmt und krault, kann das hier von Kanalanfang bis -ende tun. Rundherum wächst wilder Auwald und die Artenvielfalt ist hautnah erleb- und spürbar. Eine Jause und ein Getränk sind mit dabei im Gepäck und auch – ganz wichtig! – an das Insektenschutzmittel haben wir natürlich gedacht. Praktischerweise werden in der Hochsaison mobile Toilettenboxen aufgestellt. Wauwaus sind erlaubt, dürfen aber nicht ins Wasser und bleiben angeleint.

Öffentliche Anreise: Linie 52B › Lobgrundstraße
Öffnungszeiten: Zugang jederzeit möglich, Hunde an die Leine!

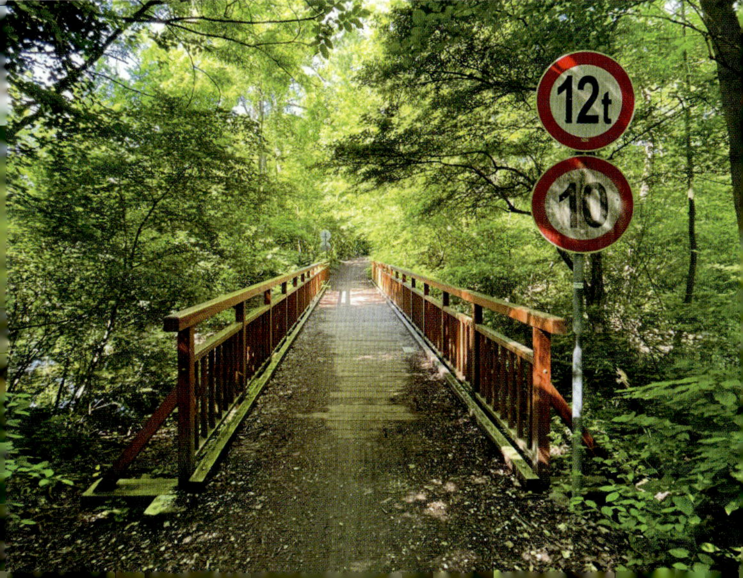

PLACE 2

Charmant

Panozzalacke

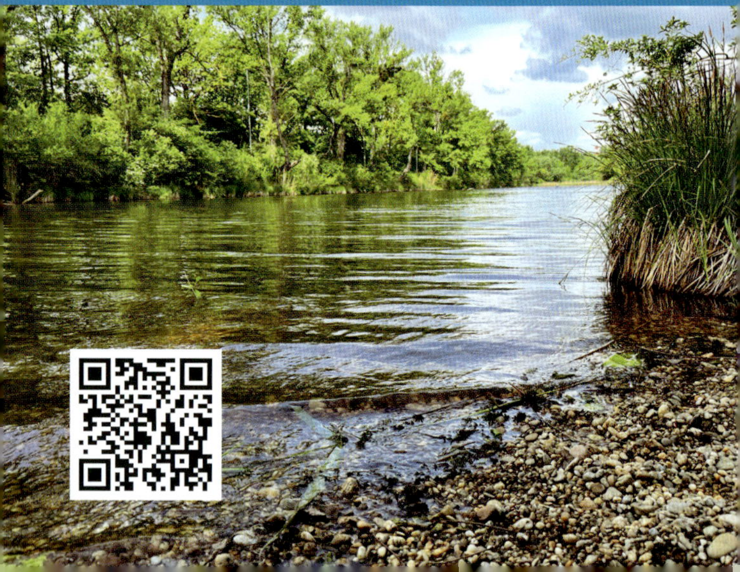

ADRESSE
1220 Wien, Lobgrundstraße

BESONDERHEITEN
- Warmes Wasser im Hochsommer
- Sehr natürlich und wild
- Gemütliche Stimmung
- FKK – kann, aber muss nicht

Quert man die Raffineriestraße auf Höhe Lobgrundstraße, gelangt man direkt zum lobauseitigen FKK-Place (Seite 103) der Neuen Donau sowie über die von April bis Oktober geöffnete Walulisobrücke zur Donauinsel und somit zu zahlreichen Freizeitmöglichkeiten, aber auch bei Bedarf nötigen Sanitäranlagen. Uns zieht es allerdings Richtung Lobau und zu einem der Lieblingsteiche vieler Wienerinnen. Um hierher zu gelangen, wandern wir mit Insektenschutzmittel bewaffnet von der Lobgrundstraße aus kommend links in den Lobauwald hinein und folgen dem Schotterweg an der Langhammer-Hütte und an hübschen Booten vorbei, bis wir zu unserem Ziel gelangen. Wir tauchen aus dem Wald auf und hinein in ein paradiesisches Platzerl mit sanft abfallenden Ufern, nicht sehr tiefem Wasser – es reicht uns gerade einmal bis zum Bauch –, viel wildem Schilf rundherum und üppiger Vegetation. Das Wasser wird im Hochsommer fast badewannenwarm und dient nicht sehr der Abkühlung.

Dafür sind wir aber umgeben von bezaubernder Natur, die sich in Form von frechen Fischen im Wasser und blau-lila schillernden Libellen in der Luft sowie im Schilf versteckten, quakenden Zeitgenossen an Land bemerkbar macht. Bei schönem Wetter kann es hier schon einmal ein bisschen enger werden. Immerhin ist der Teich recht beliebt und ob nackt oder mit Bikini, ist den Besuchern ziemlich egal. Die Stimmung ist locker und relaxed – vom Kleinkind bis zur Oma treffen hier so gut wie alle Generationen aufeinander. Wen plötzlich fies und unerwartet Hunger oder

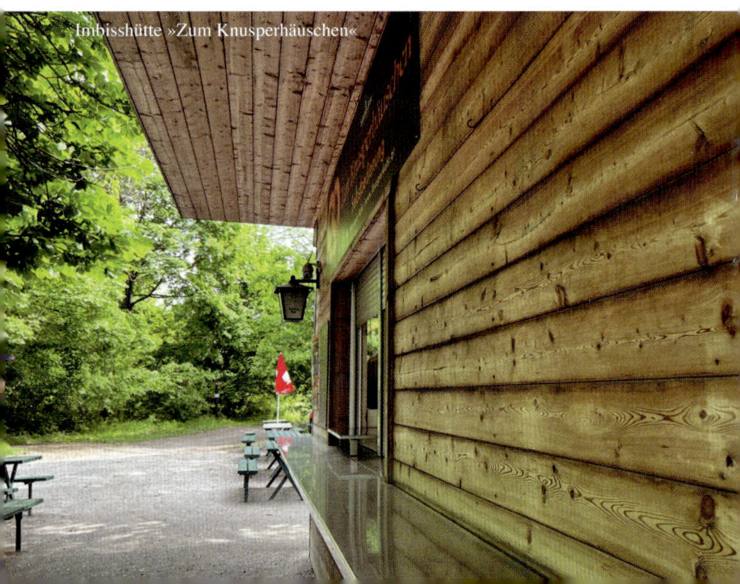

Imbisshütte »Zum Knusperhäuschen«

Durst überfällt, der wandert ein Stückchen weiter zum sogenannten »Knusperhäuschen«, vor dem Tische und Bänke aufgestellt sind und an denen gerne Platz genommen werden darf. Unweit davon, vis-à-vis der großen Wiese und ein wenig versteckt im Gebüsch, gibt es sogar ein mobiles WC. Hier befindet sich der Wegweiser des Panozzalacken-Rundweges, der von der Lobgrundstraße über die Panozzalacke zur Vorwerkstraße, zum Uferhaus (7,9km) und retour führt.

Öffentliche Anreise: 92B › Lobgrundstraße oder 26A › Groß-Enzersdorf
Öffnungszeiten: Zugang jederzeit möglich; Hunde an die Leine!

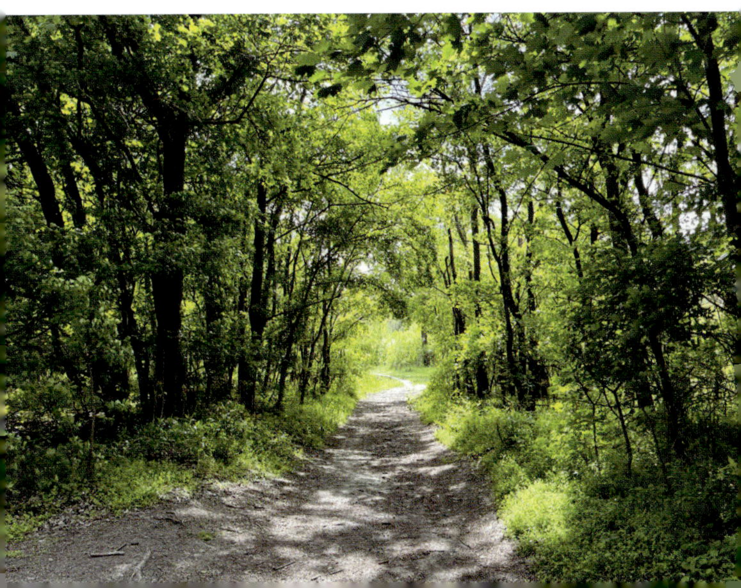

PLACE 3

Naturbelassen

Dechantlacke

ADRESSE

1220 Wien, Obere Lobau
Nationalparkhaus Lobau

BESONDERHEITEN

- Chillige Buchten und Nischen
- Angenehme Wassertemperatur
- FKK-Bereich

Unser Lieblings-Nacktbadeplatz ist sehr einfach zu erreichen, wenn wir am Nationalparkhaus Lobau starten und dem Waldweg schnurstrackts geradeaus folgen. Nach gut 10-15 Minuten zu Fuß erreichen wir das Schmuckstück, in dem sich inmitten des Auwalds der Himmel im Wasser spiegelt. Was wir hier finden, hat trotz seines Namens eher die Dimensionen eines Sees. Daher ist die Wasserqualität im Gegensatz zur kleinen Schwester, der Panozzalacke, den ganzen Sommer über richtig gut und erfrischend. Neben sandigen Stellen gibt es auch Uferbereiche mit viel Kies und immer flachen Einstiegen – und drüben auf der idyllischen Halbinsel, die keck ins Wasser ragt, einige wenige Liegeplätze. Sie sind heiß begehrt und es ist kein Fehler, ein bisschen früher aufzustehen, wenn man einen davon ergattern möchte. Eine Menge schattenspendender Bäume, die sich rund ums Wasser gesellen, sowie eine sonnenbeschienene Liegewiese, zahlreiche Buchten und Nischen und sogar ein paar von eingefleischten Dechantlacken-Fans selbst gebaute Plateaus, auf denen man sich's herrlich gemütlich machen kann, hat dieser Place zu bieten. Allerdings gelten einige davon als quasi vorreserviert – ein ungeschriebenes Gesetz hier im Reich der Wildbadenden, das unbedingt respektiert werden will. Ansonsten ist die Stimmung angenehm friedlich, außer an sehr schwülen Abenden, wenn lästige Gelsen hier, wie überall in der Lobau, die Ruhe stören. Deswegen schütze sich, wer's gemütlich haben will – packt unbedingt den Gelsenschutz in die Badetasche mit hinein! Badekleidung ist

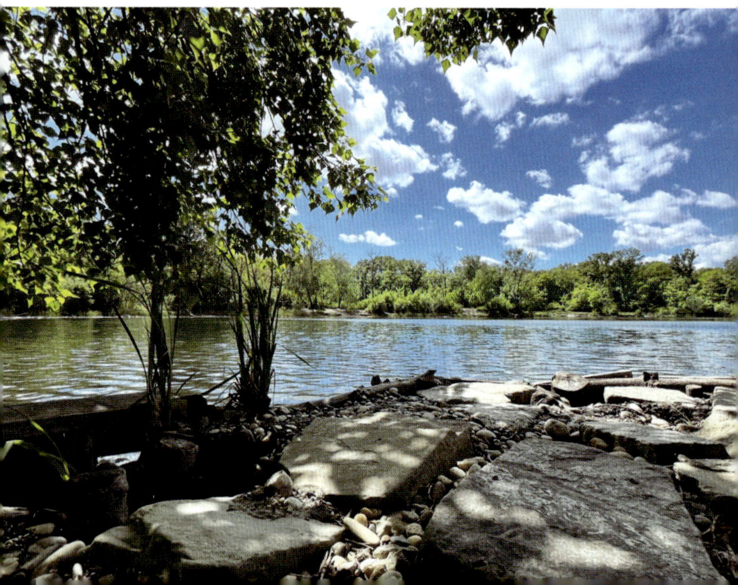

nicht unbedingt notwendig, denn viele mögen's hier gerne nackig und über unkeusche Begebenheiten im Umkreis der Dechantlacke und im übrigen Lobauer Auwald wird gerne gemunkelt. Pssssst, es soll da angeblich bestimmte Plätze geben, an denen... Wer lieber als ganz Normalo mit Bikini oder Badehose herkommt, nimmt südlich auf der Liegewiese Platz und genießt im Beisein von Familien mit Kindern oder Alleinerzieherinnen die gemütliche Zeit.

Öffentliche Anreise: 92B ›Raffineriestraße/Biberhaufenweg, 15min. Fußweg, Öffnungszeiten: jederzeit zugänglich; Hunde an die Leine!

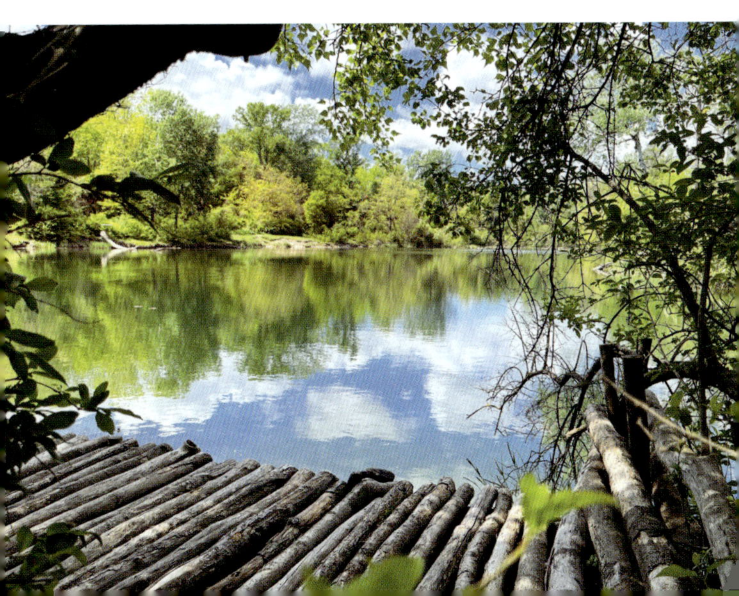

PLACE 4

Pittoresk

Stadler Furt

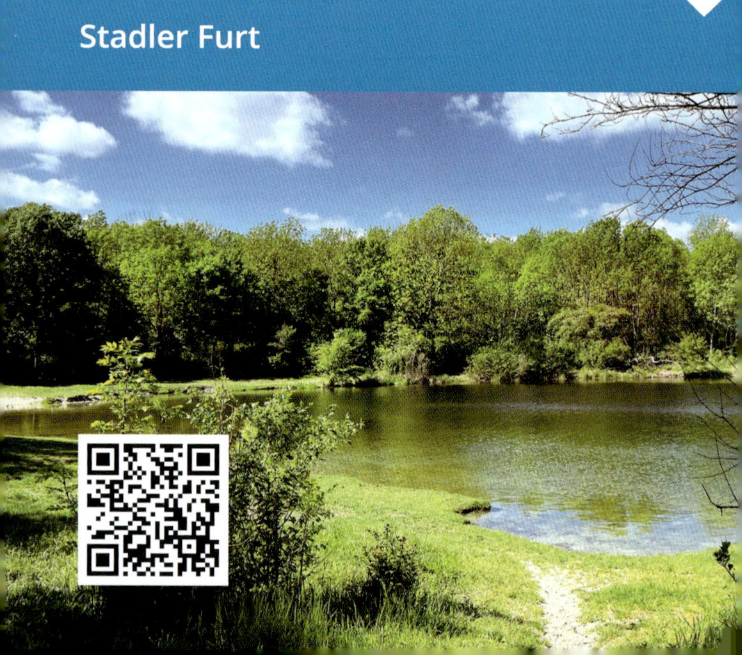

ADRESSE
1220 Wien, Landesgrenze, vis-à-vis Groß-Enzersdorf Badgasse 8

BESONDERHEITEN
- Naturbadejuwel
- Wenig Publikum
- Relativ kühles, sehr klares Gewässer

Unser Liebling unter den Naturbadeplätzen der Lobau, der sich zwar schon an der Landesgrenze, aber immerhin teilweise noch in Wien befindet, entzückt mit Faktoren für alle Sinne: Glasklares Wasser und sanft abfallende Ufer, seichte Einstiegsstellen, die super easy begehbar sind, Buchten zum gemütlichen Abhängen inklusive großzügiger Liegewiese, Geplätscher und Gezwitscher vom kleinen Damm, über und neben uns und von überall her dringt's an unsere Ohren, für die Augen ist's ein Schmaus und last but not least: kaum Menschen. Würde man es nicht besser wissen, könnte man meinen, ein Team aus japanischen Gartenplanern hatte hier die Hände im Spiel und durfte sich mit Kreativität, Liebe zum Detail und Wissen um Harmonie an jeder Ecke austoben. Oder umgekehrt: Wüssten diese Leute von diesem Ort, sie täten sich wohl einiges abschauen. Versprochen, wir erzählen niemandem davon :-) denn dieser Wildbadeplatz scheint perfekt zu sein. Und doch, der einzige Wermutstropfen ist vermutlich, dass die öffentliche Erreichbarkeit ein bisschen zu wünschen übrig lässt. Kommt man aber mit dem Fahrrad hierher und verbindet die Anreise gar noch mit einer netten Tour oder auch einer Wanderung durch die Lobau, ist das Herkommen auch ohne PKW ein Klax. Belohnt wird man in jedem Fall. Auch Hunde sind hier gerne gesehene Begleiter.

Öffentliche Anreise: 26A, 88A › Wien Englisch-Feld-Gasse oder 88B › Wien Mühlhäufel, danach je ca. 15 Minuten Fußweg, Fahrrad: über Groß-Enzersdorf, entlang der Badgasse bis Nr. 8 Öffnungszeiten: Zugang jederzeit möglich; Hunde im Wasser erlaubt!

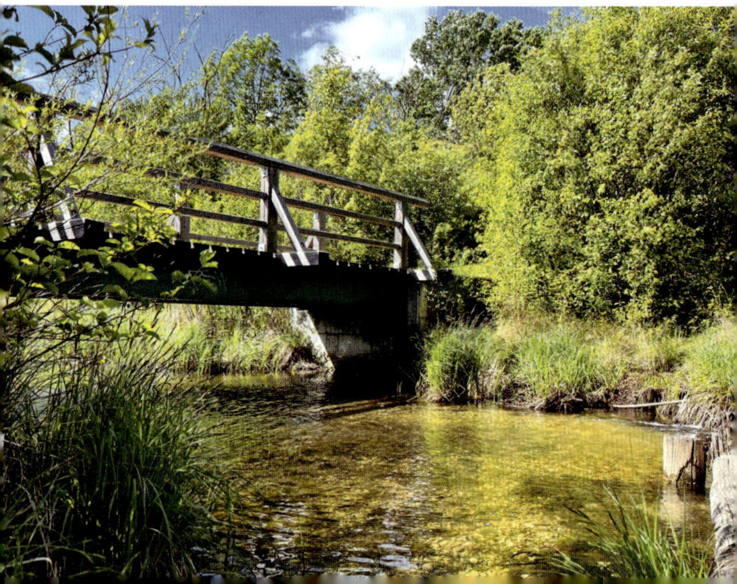

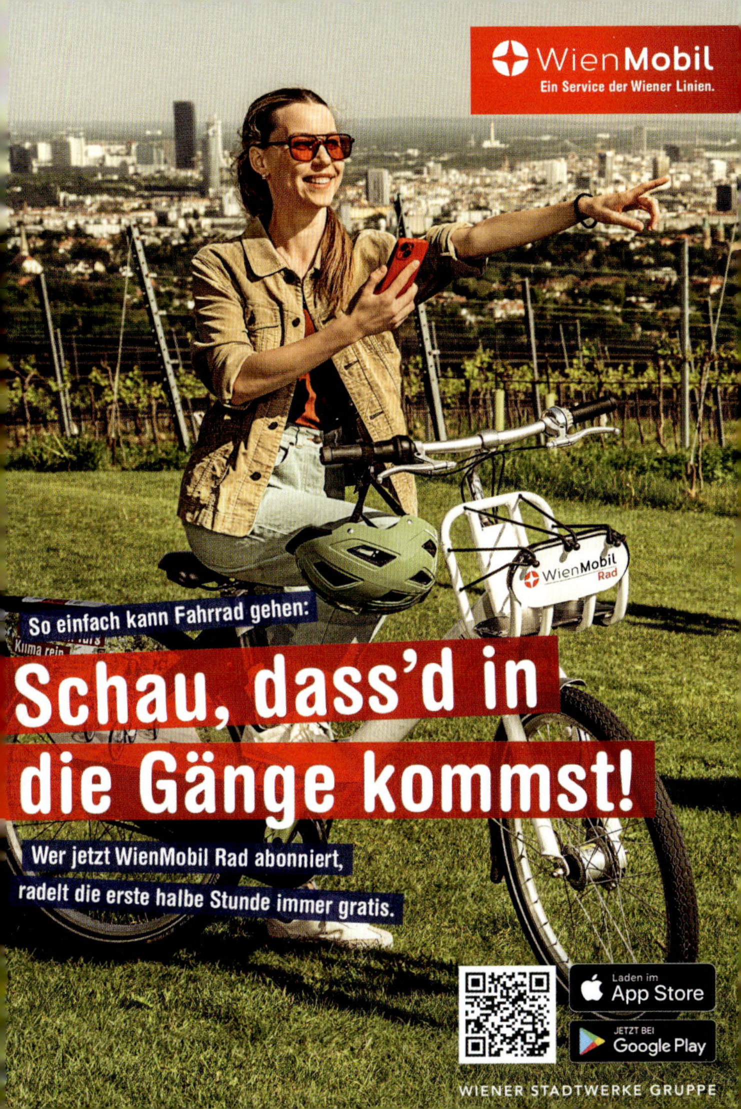
WienMobil
Ein Service der Wiener Linien.
WienMobil Rad
So einfach kann Fahrrad gehen:
Schau, dass'd in die Gänge kommst!
Wer jetzt WienMobil Rad abonniert,
radelt die erste halbe Stunde immer gratis.
Laden im App Store
JETZT BEI Google Play
WIENER STADTWERKE GRUPPE

PLACE 5

Familiär

Strandbad Stadlau

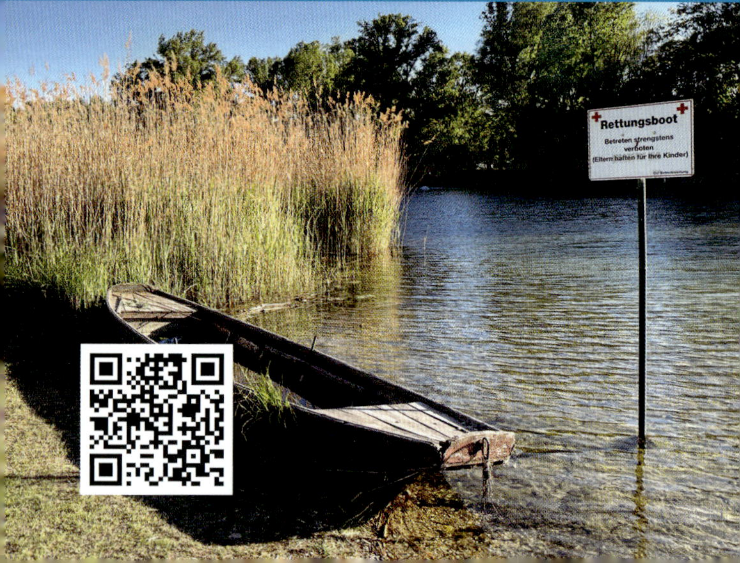

ADRESSE
1220 Wien, Am Mühlwasser 6

BESONDERHEITEN
- Freibad am Donaualtarm
- Einfache öffentliche Anbindung
- Lange Öffnungszeiten
- Nichtschwimmerbereiche

Das beliebte Strandbad direkt am Mühlwasser, aber mit den Vorzügen eines stinknormalen öffentlichen Bades, existiert bereits seit 1911 und wurde 1997 zum öffentlich zugänglichen Privatbad. Der Eintritt ist überschaubar, wer später kommt, löst ein vergünstigtes Nachmittagsticket. Nach dem Eingang gleich links stehen Kästchen, Garderoben und Kabinen bereit und die sauberen Sanitäranlagen sind vor allem praktisch, wenn man mit kleineren Kindern oder Babys unterwegs ist. Eine gute Kombination also, wenn man gerne in naturnahen Gewässern schwimmt, aber auf den Luxus gemähter Wiesen, von Gastronomie mit leckerer Hausmannskost und geputzten WCs sowie Duschen nicht verzichten möchte. Hinein geht's durch das Café-Restaurant Strand-Domizil, das 365 Tage im Jahr und bis 22:00 Uhr durchgehend warme Küche anbietet. Bei schönem Wetter nimmt man auf der großzügigen Terrasse Platz und freut sich über den herrlichen Ausblick hinunter zum Wasser.

Weitere gute Gründe, die freie Zeit hier zu verbringen: Wie sonst selten, finden wir einen durch Bojen vom Schwimmerbereich abgetrennten Nichtschwimmerbereich. Es gibt außerdem riesige Schirme aus Schilf, wo schattenspendende Bäume fehlen, den etwa 100 Meter langen, sehr flachen und bekieselten Badestrand in das nicht tiefe, strömungsfreie Wasser, Sandplatz plus Sandkiste sowie den Beachvolleyballplatz und eine Stockschießbahn zur geselligen Vergnügung. Der angrenzende Schiffmühlenspielplatz bietet allerlei Möglichkeiten, sich kreativ und spielerisch auszutoben.

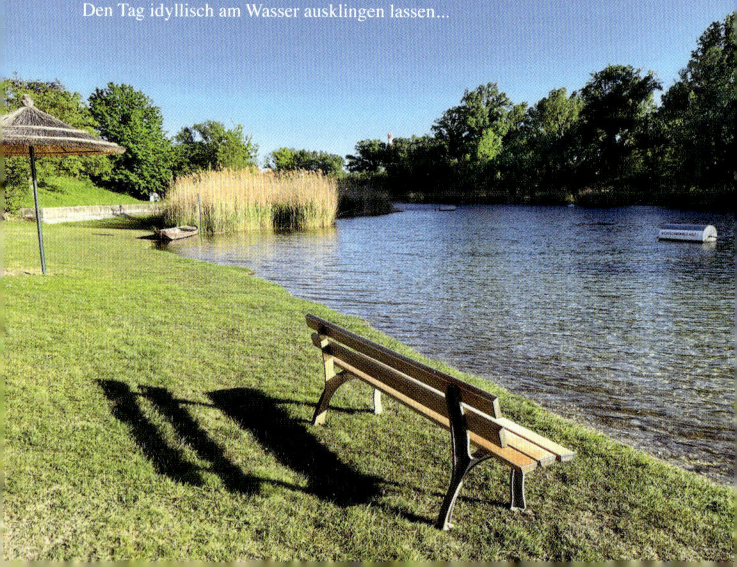

Den Tag idyllisch am Wasser ausklingen lassen...

Hier finden sich der Nachbau einer Schiffmühle, ein zweiteiliges Schiffswrack, ein Kletterturm mit Hängebrücke, eine Seilpyramide, Schaukel- und Wipptiere sowie für die Größeren eine Halfpipe, Fußballplatz, Tischtennistische und eine Schwingschaukel. Eine Pergola schützt die Kleinen beim Gugelhupf-Backen in der Sandkiste vor der prallen Sonne, Hydranten mit Trinkwasser und Mobilklo sind vorhanden.

Öffentliche Anreise: 92A, 96A › Strandbad Stadlau
Öffnungszeiten: Zugang täglich von 8:00 bis 22:00, strand-domizil.at
Schiffmühlenspielplatz: jederzeit zugänglich; Hunde verboten!

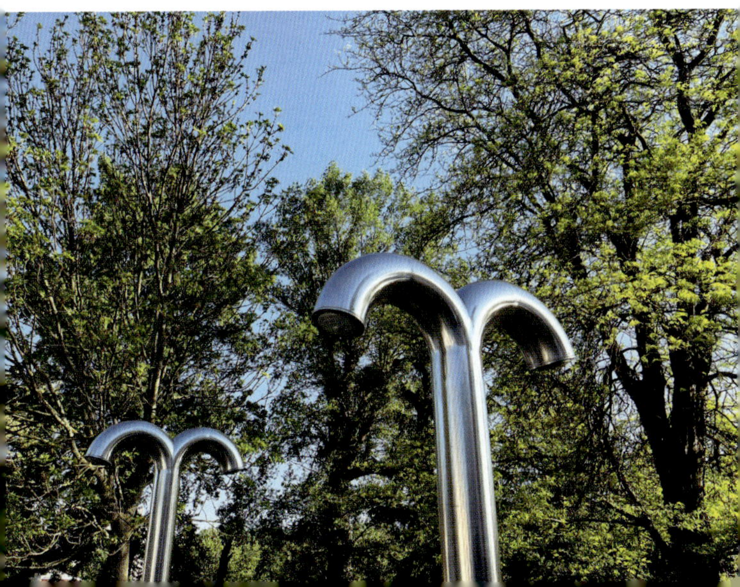

PLACE 6

Bezaubernd

Am Mühlwasser

ADRESSE
1220 Wien, Schierlinggrundbrücke beim Binsenweg & Schilfweg ab 46

BESONDERHEITEN
- Ruhiges, klares Wasser
- Flache Einstiege
- Romantische Stimmung

Blaugrün-schillerndes Wasser, in dem sich die Aulandschaft und der Himmel spiegeln; Wiesen, die nahtlos ins Wasser übergehen, sanfter als sanft abfallende Strände, umgeben von Schilfstreifen und Landzungen, die Gegend in Land- und Wasserflächen teilend. Neptun und seine Gehilfinnen haben ganze Arbeit geleistet. Die einst unregulierten Flüsse ließen durch die Donauregulierung stehende Gewässer entstehen, die sich wie Tentakel durch die Aulandschaft schlängeln. Sieht man sich das Gebiet auf der Karte genauer an, kann man die blauen Flächen als einzelne Teile, nicht aber als ein großes Ganzes erkennen. Apropos Karten: Geht man auf Google Maps, existiert nur ein Oberes Mühlwasser. Auf den Plänen der Stadt Wien (wien.gv.at/stadtplan) allerdings findet sich da durchaus mehr: So wurde das Gewässer westlich von Stadlau ab der Kleine-Bucht-Straße/Donaustadtstraße mit »Oberes Mühlwasser« markiert und ab dem Bahnhof Stadlau bzw. der Ostbahn spricht man vom »Unteren

Mühlwasser«. Das Mühlwasser ist außer beim Abschnitt »Strandbad Stadlau« jederzeit frei zugänglich, gute 3 Meter tief und 10 Meter breit. Entlang des sich durch die Auland-schaft dahinschlängelnden Armes gibt es viele schöne Plätze, teils entrisch, teils mit Liegewiesen ausgestattet und gut be-sucht, aber immer mit gemütlicher Stimmung. Uns hat der Badestrand am Unteren Mühlwasser auf Höhe Binsenweg überzeugt. Ab der Schierlinggrundbrücke geht es hinein in eine parkähnliche Fläche mit großzügiger Wiese und mäch-tigen schattenspendenden Bäumen. Für Kinder ein Paradies!

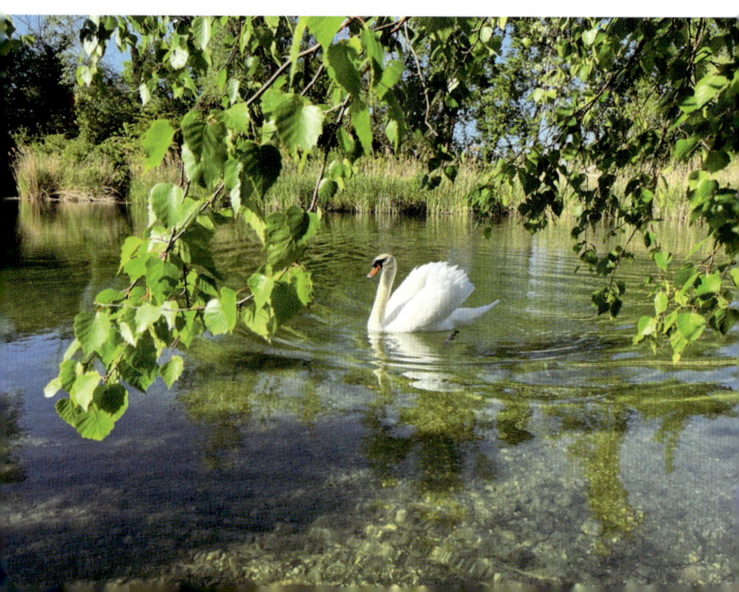

Aber auch das großzügige Naturbadegebiet ab Schilfweg 46 auf Höhe des großen Parkplatzes lässt unser Wildbadeplatz-Herz höher schlagen: Eine Liegewiese und entlang des nahezu strömungsfreien Wassers unzählige Ruhezonen sowie Tisch-Bank-Kombis und mobile WCs garantieren gemütliche Stunden abseits des Großstadtdschungels. Besonders im Abendlicht und bei untergehender Sonne kann hier mit kitschig-romantischer Atmosphäre gerechnet werden.

Öffentliche Anreise: 95A › Binsenweg bzw. Schütthäufel
Öffnungszeiten: Zugang jederzeit möglich; Hunde an die Leine!

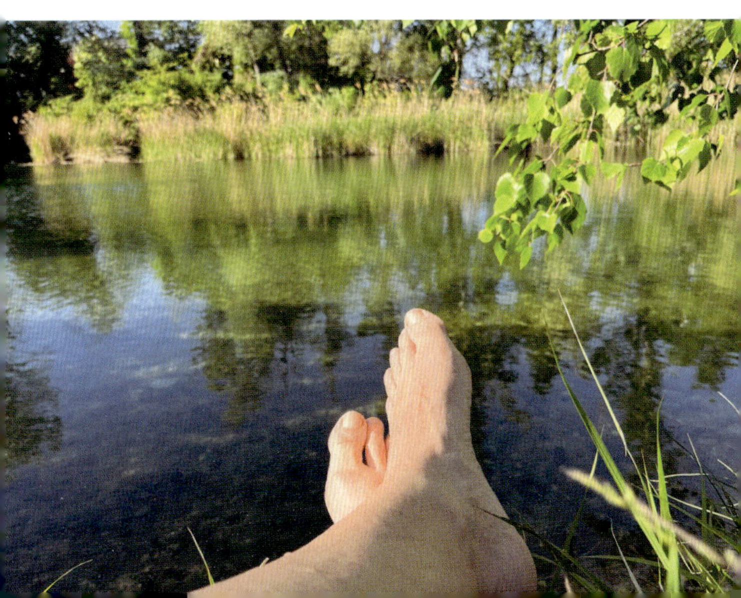

PLACE 7

Idyllisch

Alte Naufahrt

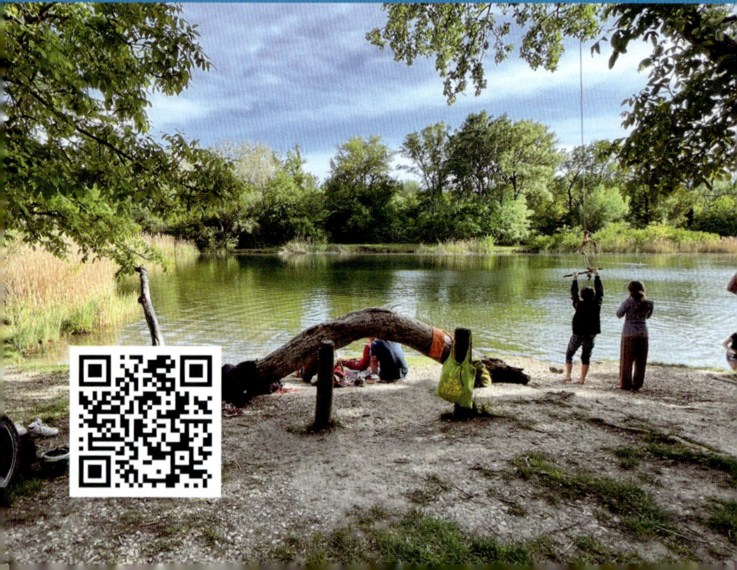

ADRESSE

1220 Wien, Luitpold-Stern-Gasse 54, Zum Knusperhaus

BESONDERHEITEN

- Kindgerecht mit Spielmöglichkeiten
- Sehr wild-urbig-romantisch
- Klares Gewässer, keine Strömung

Wir starten am Ausflugsgasthaus Zum Knusperhaus (nicht am Knusperhäuschen nahe der Raffineriestraße!) inmitten der Lobau und gehen geradeaus vor bis ans Ende der Luitpold-Stern-Gasse. Ab dem Schranken biegen wir links in den Forstweg und folgen diesem bis zum Wasser. Gleich vor uns entdecken wir eine kleine romantische Holzbrücke, die uns ans andere Ufer und zu den Liegeplätzen und Buchten sowie teils treppenartigen Uferstellen eines wunderbaren Naturbadeschatzes führen. Wenige der Einstiegsstellen sind ganz flach und dennoch können die Strandabschnitte als gut begehbar beschrieben werden. Mit Gras bewachsene Uferstellen, an denen sich hübsche Seerosen tummeln, wechseln sich mit Kies-Stellen ab und das viele Schilf sorgt außerdem sogar in der wirklich hottesten Jahreszeit für immer noch glasklare Wasserverhältnisse. Wer gerne etwas längere Runden schwimmt, dem wird es hier gefallen, denn das Wasser ist tief genug und es gibt ausreichend Platz für alle.

Hier lässt es sich auch herrlich in der Sonne oder an einem der zahlreichen Schattenplätze unter den Bäumen faulenzen, während sich die Kids rechts und links vorne bei den großen Steinen und unter der Brücke oder am Schwingseil, das jemand an einem der Bäume befestigt hat, austoben. Radfahrende und Ausflügler begegnen uns, während wir, die schmalen Wegerl unter Blätterbögen entlangwandernd, den perfekten Platz finden. Hier ein sich umarmendes Pärchen, dort ein Mann, der am Ufer sein Buch über die Kraft der Gedanken liest, seitlich lehnen Fahrräder am Ge-

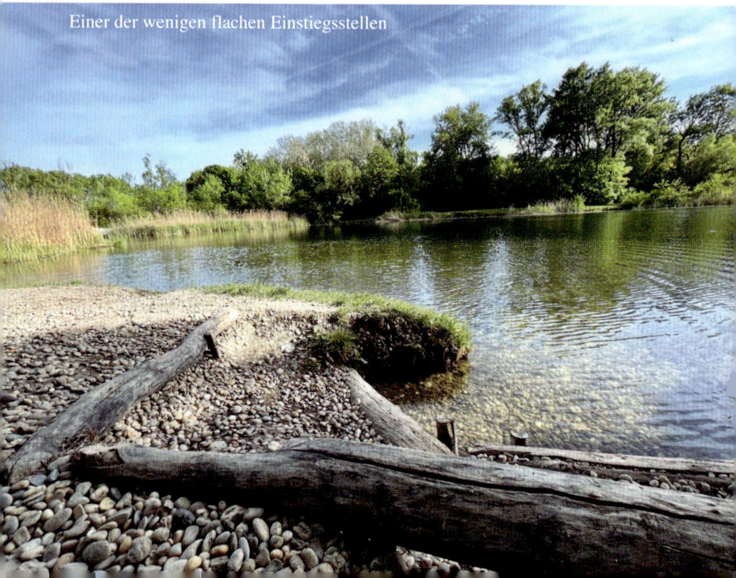
Einer der wenigen flachen Einstiegsstellen

büsch und zwei süße weiße Pudel gucken frech unter dem Liegestuhl ihrer Besitzerin hervor. Die Vöglein zwitschern ausgelassen fröhliche Lieder und die Stimmung ist insgesamt friedlich. Je weiter wir uns nach Westen bewegen, desto mehr nackige Menschen begegnen uns. Hier dürfte der FKK-Bereich seinen Platz gefunden haben. Mobile WCs stehen praktischerweise bereit, wer von Hunger oder Durst überfallen wird, bekämpft diesen mit einem Besuch im Knusperhaus.

Öffentliche Anreise: 93A › Naufahrtbrücke oder 92B › Raffineriestr./Biberhaufenweg › je 15min. Fußweg, Öffnungszeiten: Zugang jederzeit möglich.

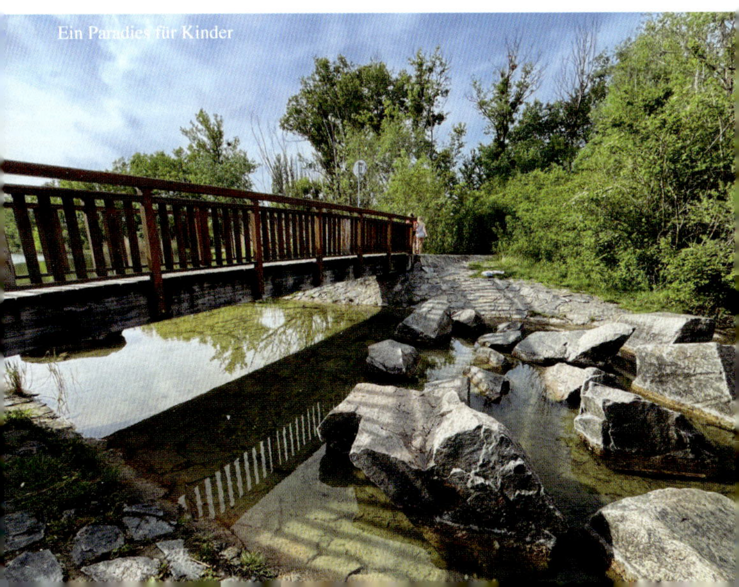

Ein Paradies für Kinder

PLACE 8

Reizvoll

Badeteich Süßenbrunn

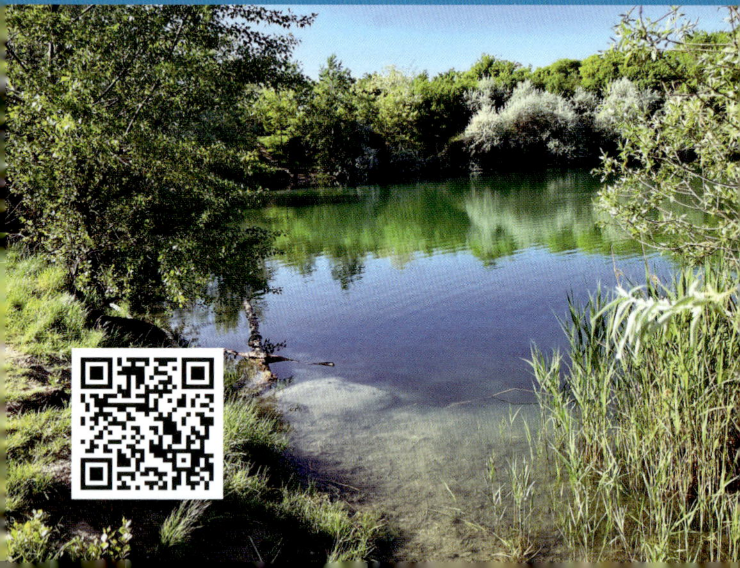

ADRESSE

1220 Wien, Wagramer Straße gegenüber Nr. 269

BESONDERHEITEN

- Bushaltestelle direkt neben dem Teich
- Viel Schatten auf der Liegewiese
- Flach abfallende Buchten

Wer gerne lieber alleine badet oder zum Schwimmen kommt, muss früh aufstehen, denn bald ist die große Liegewiese gut besucht. Vor allem in den Sommerferien, an Wochenenden und bei schönem Badewetter erfreut sich der See, der aus einer Schottergrabung im kleinen nordöstlichen Zipfel der Donaustadt entstanden ist, großer Beliebtheit. Und dennoch, es ist immer noch genug Platz für alle da, ohne dass es unangenehm eng wird. Jede und jeder findet ein Platzerl. :) Seit einigen Jahren gibt es auf der großen Liegewiese und dem Kinderspielbereich ein striktes Hundeverbot, Vierbeiner dürfen sich nunmehr in den gekennzeichneten Bereichen aufhalten und am Südufer gibt es einen eigenen Hundebadestrand (Seite 177). Diese Regelung konnte viele Zwistigkeiten unter Hundebesitzern und Nichthundebesitzern aus dem Weg räumen. Nun sind die Menschen wieder freundlich und die Stimmung ist entspannt. Die Wassertemperatur kann als mittel, also gerade angenehm, eingestuft werden. Das Wasser ist kristallklar und smaragdgrün und die Uferbewachsungen rund um den Badeteich bieten Sichtschutz und angenehme Rückzugsbereiche. Durch die Böschungen ist nicht an jeder Stelle ein guter Einstieg ins Wasser gewährleistet, das Kies-Ufer an der großen Liegewiese allerdings führt flach hinein – für Kinder optimal geeignet. Wer Lust auf ein Picknick hat und nicht auf der Wiese knotzen mag, hat hierzu an einer der Tisch-Bank-Garnituren die Möglichkeit dazu. Also füllt eure Körbe und Kühltaschen und nehmt mit, was das Herz und der Bauch begehren. Wer keinen der Plätze ergat-

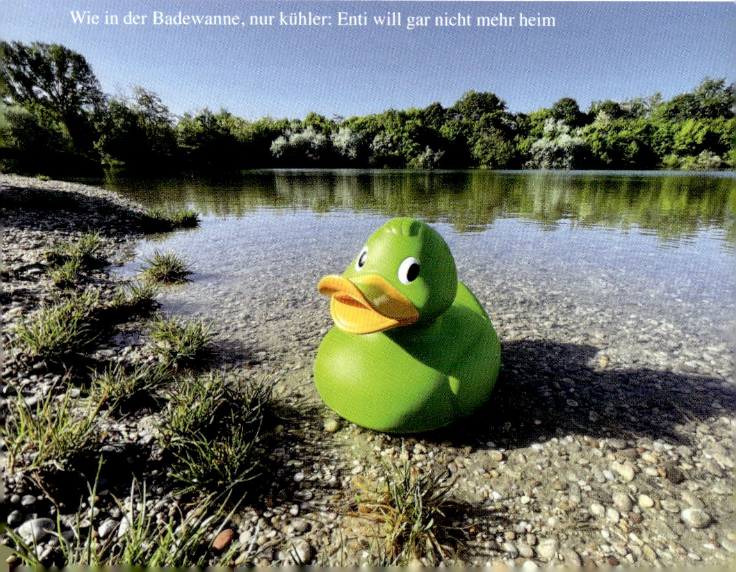
Wie in der Badewanne, nur kühler: Enti will gar nicht mehr heim

tern konnte, nimmt auf der Wiese Platz. Hier warten riesige alte Bäume, die mit ihren ausgestreckten dicken Ästen für reichlich Schattenangebot sorgen. Übrigens: Das Wasser wird dreimal jährlich durch die Wasseraufsichtsbehörde der Stadt Wien untersucht und sie darf als ausgezeichnet eingestuft werden. Für alle, die Süßenbrunn gerne etwas näher kennenlernen möchten: Ihr findet im Buch WIEN GEHT eine Wanderung durch die »Abgeschiedene Flur« (Tour 26).

Öffentliche Anreise: 25A › Badeteich Süßenbrunn, Öffnungszeiten: Zugang jederzeit möglich, Hunde nur in den ausgewiesenen Bereichen erlaubt!

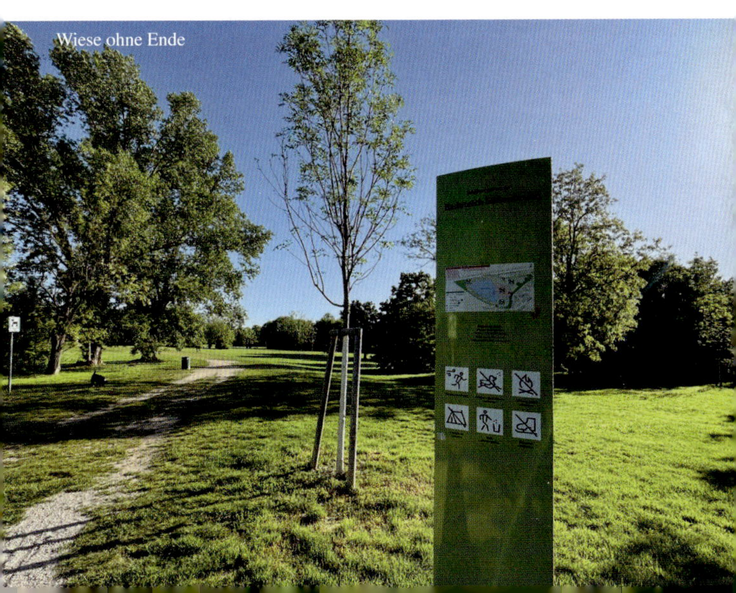

Wiese ohne Ende

PLACE 9

Lebendig

Teich Hirschstetten

ADRESSE
1220 Wien, z.B. Spargelfeldstraße 125, Bibernellweg oder Ziegelhofstraße

BESONDERHEITEN
- Einfach öffentlich erreichbar
- Großer Spielplatz mit Babybucht
- Hundezone und Hundebadestrand

Auch als Ziegelhofteich bekannt, finden wir im nordöstlichen Teil Wiens einen herrlich großen und mit vielen Annehmlichkeiten ausgestatteten Naturbadeplatz, an dem sich nicht nur Menschen aus der Umgebung gerne abkühlen, sondern zu dem auch viele Wiener aus allen anderen Stadtteilen anreisen. Und das nicht ohne Grund, denn die Wiese ist riesig, die Schattenplätze sind zahlreich und die Wasserzugänge meist flach abfallend. Was als wirklich wilder Naturbadeplatz begonnen hatte, als das Areal noch eine mit gestiegenem Grundwasser gefüllte simple Schottergrube gewesen war, wurde in den letzten Jahren durch die Stadtverwaltung umgestaltet, gehegt und mit viel Liebe gepflegt und bekommt von uns die Auszeichnung »Lieblingsbadeplatz«. Es ist egal, ob man mit Kind oder mit Hund herkommt, um zu schwimmen, zu planschen, zu spielen und zu toben, denn für die Kleinen gibt es einen großartigen Spielplatz, der alle Stückerl spielt (Holzschiff zum Kraxeln und Klettern, Schaukeln, etc.) und für die Vierbeiner eine riesige Hundefreilaufzone mit breitem Hundebadestrand und angrenzendem Würstelstandl. Nur Achtung: Hunde dürfen sich ausschließlich im gekennzeichneten Hundebereich (siehe Seite 176), im unteren Bereich der Spargelfeldstraße am Süd-West-Ufer des Teichs, aufhalten. Kontrolliert wird laufend durch die Kontrollaufsicht der Stadt Wien. Besonders gefällt uns die Babybucht mit Sandstrand im Norden (Ziegelhofstraße/Ecke Bibernellweg), die große Pergola, die an heißen Tagen für den

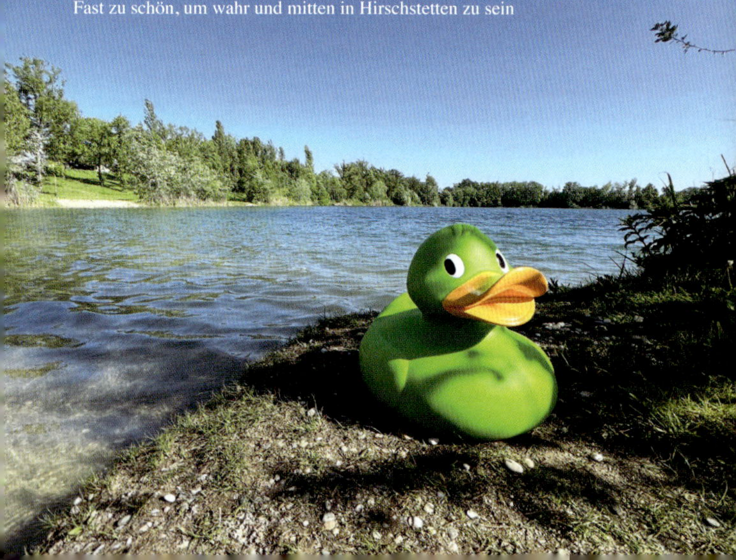
Fast zu schön, um wahr und mitten in Hirschstetten zu sein

nötigen Sonnenschutz sorgt und das Stückerl Inselzunge, das nahtlos ins Wasser reicht. Gleich hinter dem Spielplatz stehen die tiptop gewarteten Sanitäranlagen bereit und eine Imbissbude gegen den heftigen Eis-Hunger. An der Ziegelhofstraße erwartet das Restaurant Laguna seine Gäste mit Burgern, Snacks und Schmankerln, einer großen Terrasse sowie jüngst einem Stand-Up-Paddel-Verleih.

Öffentliche Anreise: 26, ab Herbst 2025 auch 27 › Ziegelhofstraße, 85A › Badeteich Hirschstetten; Öffnungszeiten: Zugang jederzeit möglich, Hunde in der Hundezone erlaubt, sonst strengstens bei Strafe verboten.

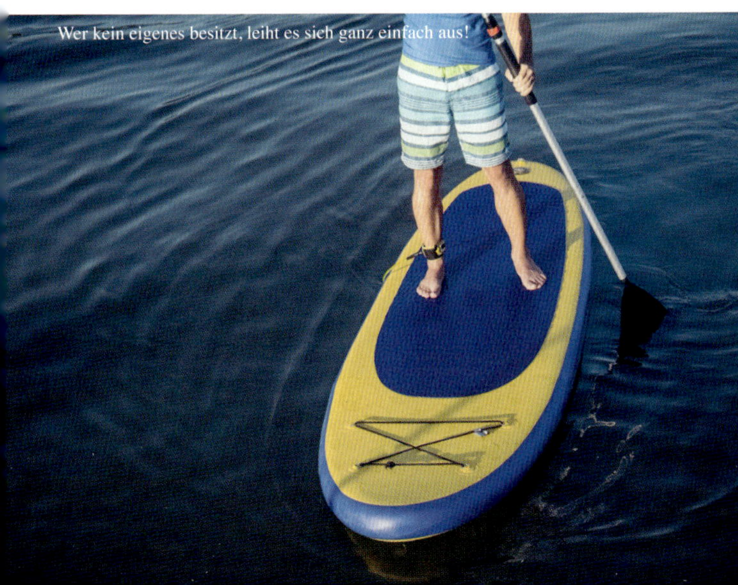
Wer kein eigenes besitzt, leiht es sich ganz einfach aus!

PLACE 10

Erholsam

Wienerbergteich

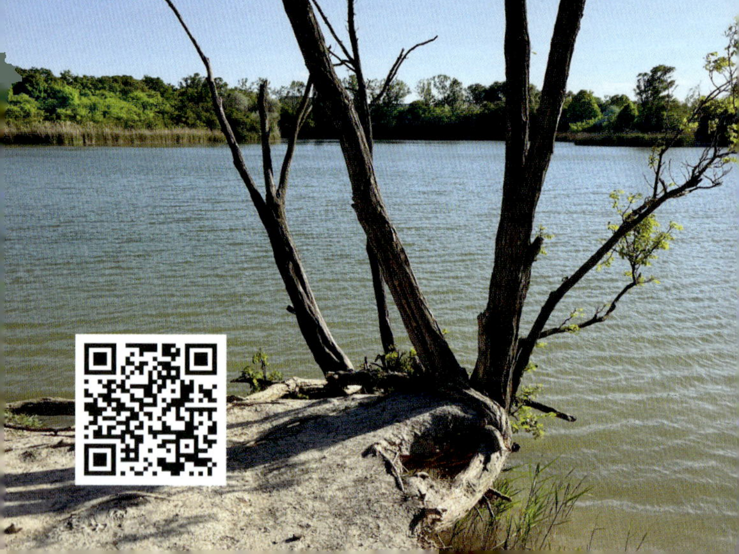

ADRESSE

1100 Wien, z.B. Ende Sickingengasse oder Friedrich-Adler-Weg 5

BESONDERHEITEN

- Große Liegewiesen (N+S)
- FKK-Bereiche und Nudistenstrand (N)
- Gute öffentliche Anbindung

Der zentralste städtische Naturbadeteich befindet sich im Erholungsgebiet Wienerberg, das mit seinen 123 Hektar Fläche nicht nur durch seine Größe besticht. Der künstlich angelegte Teich inmitten des Landschaftsschutzgebiet entstand am Gelände, das bereits zu Römerzeiten und später unter Maria Theresia für den Lehmabbau zur Herstellung von Ziegeln genutzt wurde. Heute finden sich hier die größten Schilfvorkommen im Raum Wien und Umgebung und man mag es kaum glauben, in welch grandioses Naturparadies man eintaucht, betritt man beispielsweise von der stark befahrenen Triester Straße das Areal. Es ist, als würde man in eine andere Welt eintauchen. Eine Welt, in der sich zwischen Sträuchern, dicht bewachsenen Böschungen und inmitten des dichten Schilfrohrs Nist- und Schlafplätze sowie Lebensräume von seltenen Haubentauchern oder Singvögeln wie dem Drosselrohrsänger oder der Zwergdommel befinden und man respektvoll an ihrem Sein teilhaben darf. Rund um den gesamten 12 Hektar großen Teich führen ausgetretene Pfade und Wegerl, die immer wieder zu plateauartigen Plätzen führen, an denen man direkt am Wasser mal mit mehr oder weniger Sitz- oder Liegefläche, aber doch immer recht geschützt und für sich, verweilen kann. An den beiden großen Liegewiesen nördlich und südlich des Teichs hat man einen guten Überblick und bei blauem Himmel spiegeln sich die Türme der Wienerberg City im teils blau-grün schimmernden Wasser. Obwohl es nicht so glasklar wie an anderen Teichen und Seen, sondern aus Gründen eher lehmig

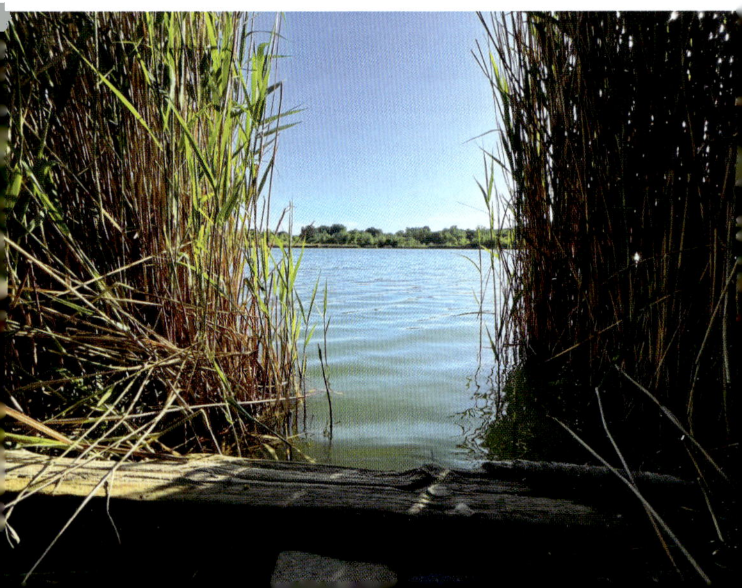

ist, fällt auch hier die Qualitätsprüfung der Wasseraufsichtsbehörde (MA31) immer hervorragend aus. Die Strände sind nicht flach und die Einstiege sind es auch nicht. Teilweise ist es ratsam, Badeschuhe zu tragen. Im Norden befindet sich der Nudistenstrand, auf dem ausdrücklich nackt gebadet werden darf, so wie es im ganzen Badegebiet gerne da oder dort in einer Nische versteckt oder zwischen Böschungen vorkommen kann, dass man eben unbekleidet ist.

Öffentliche Anreise: 1, 15A, 65A › Stefan-Fadinger-Platz 11 › Otto-Probst-Straße; Öffnungszeiten: Zugang jederzeit möglich; Hunde an die Leine!

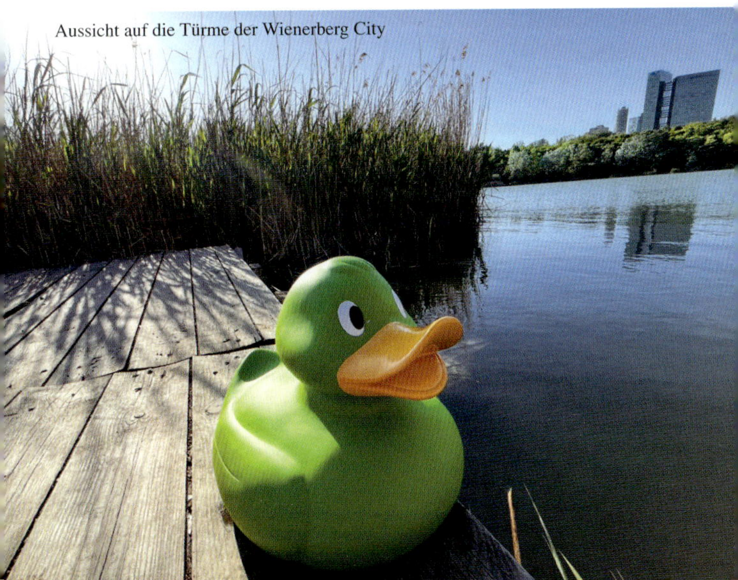

Aussicht auf die Türme der Wienerberg City

PLACE 11

Lebhaft

Asperner See

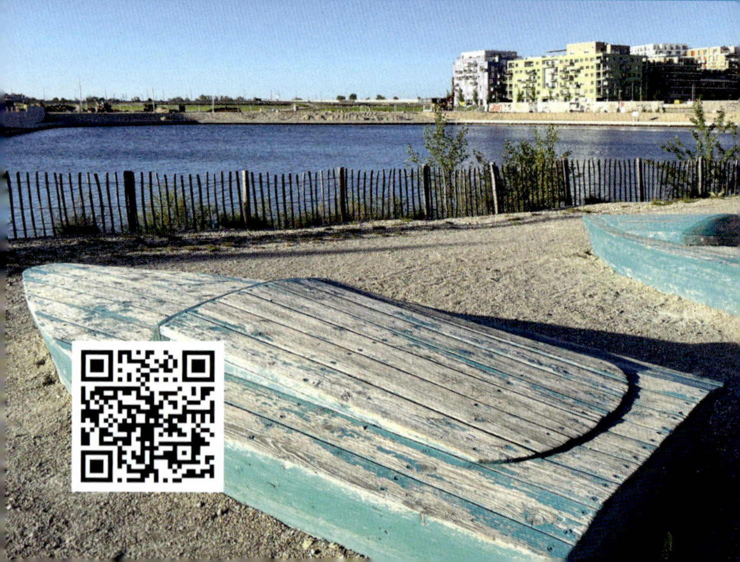

ADRESSE

1220 Wien, Janis-Joplin-Promenade 18

BESONDERHEITEN

- 2 Seezugänge am Südufer
- Einfache öffentliche Anreise
- Kieselstrand, flacher Einstieg
- Öffentliches WC, Hundezone

Die einen sagen: hässlich, die anderen finden's cool. Eine künstlich aus dem Boden gestampfte Stadt in der Stadt am ehemaligen Asperner Flugfeld mit 54.000m^2 großem Landschaftsteich mit Bademöglichkeit vor der Haustüre – dahinter Gozilla-ähnliche Baukräne und Hochhaustürme – aber super bequem mit der U-Bahn erreichbar. Wie eine Filmkulisse, nur eben in echt, bemüht sie sich um Atmosphäre und mehr Grün als Grau. Es wird schon noch ein Weilchen dauern, bis die Baumstämme dicker, die Büsche üppiger und das Schilf höher gewachsen ist und sich alles zusammen natürlicher anfühlen wird. Aber es geht voran: Für die schnellere Umsetzung der Begrünung der Smart-City engagiert sich ein in der Seestadt gegründeter Verein namens »Seestadtgrün« und am nördlichen Seeufer wird es, glaubt man den Prognosen, bald »Seeterrassen« mit einer Shop- und Lokalmeile in einem Arkadengang direkt an der Seepromenade geben. Das Baden ist an zwei Badestellen erlaubt.

Aufsicht gibt es keine, Schwimmen und Planschen erfolgt wie bei allen Naturbadeplätzen auf eigene Gefahr. Schattenplätze sind rar, wir haben unseren eigenen Sonnenschirm mitgebracht. Der langgezogene Kiesstrand erinnert an Mittelmeerstrände, aber ohne Meer und Fischgeruch. Es geht angenehm flach ins klare Wasser, davor finden sich auf einer Art Terrassen angelegte Plateaus, auf deren drei Ebenen genug Platz ist, um liegend oder sitzend zu verweilen. Es ist ein gemütliches Zusammentreffen der Generationen, wir treffen junge Menschen, die sich zu Grüppchen zusam-

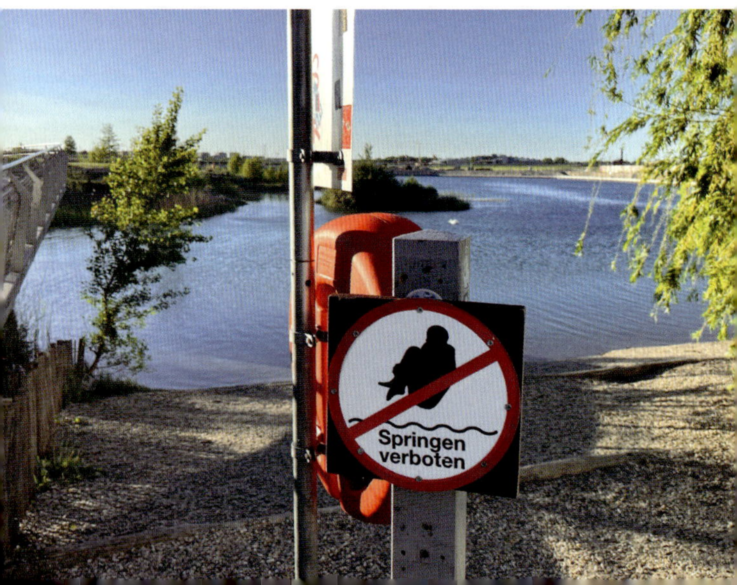

menfinden, wir sehen Opas auf Bänken miteinander tratschen und ein Bierchen trinken und am Ufer junge Familien mit ihren kleinen Windelmonstern, die mit Schwimmflügerl bewaffnet im seichten Wasser planschen. Zwei junge Burschen schwimmen um die Wette – das gesellschaftliche Leben hier ist die große Stärke der Seestadt – gelebtes Socializing liegt förmlich in der Luft. Östlich gibt es eine Hundezone mit eigenem Wasserzugang (siehe Seite 180).

Öffentliche Anreise: U2 › Seestadt, Öffnungszeiten: Zugang jederzeit möglich, Hunde in der Hundezone erlaubt, sonst im Wasser & am Strand verboten!

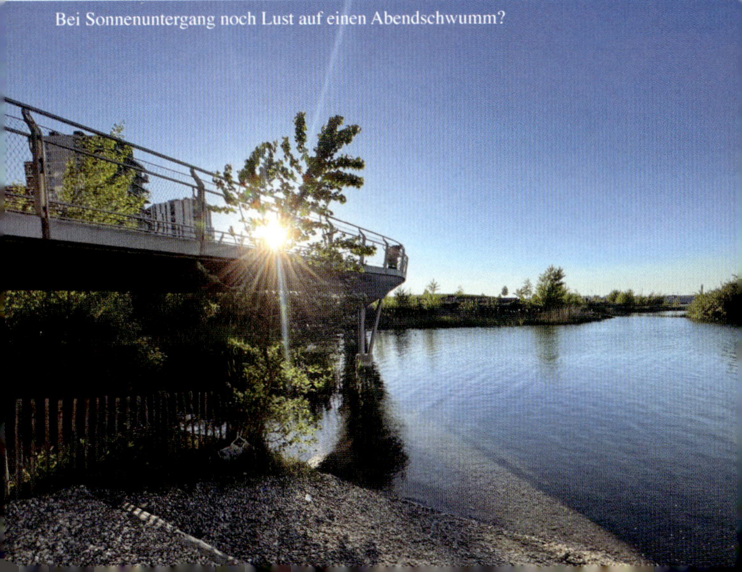
Bei Sonnenuntergang noch Lust auf einen Abendschwumm?

PLACE 12

Bildschön

Kaiserwasser

ADRESSE

1220 Wien, Wagramer Str. 8, Siedlung Kaiserwasser-Laberlweg 1A-19

BESONDERHEITEN

- Wärmer als die Alte Donau
- Flach abfallende Uferstellen
- Hunde erlaubt

Das Kaiserwasser ist ein Seitenarm der Unteren Alten Donau, sozusagen der Rest eines Donaualtarms, der durch zwei schmale Verbindungen an die Alte Donau angebunden ist. Aus der U-Bahn hinaus und hinein ins wild-urbige Badevergnügen – so könnte der Slogan dieses städtischen Wildbadeplatzes lauten, müssten wir ihn bewerben. Müssen wir aber nicht, denn – Nomen est omen – lässt alleine schon der Name vermuten, dass es sich lohnt, herzukommen. Öffentlich geht das ganz einfach mit der U-Bahn-Linie U1. An der Station Kaisermühlen-VIC gehen wir links durch die Unterführung unter der Wagramer Straße hindurch und Richtung Arcotel, welches sich in direkter Nachbarschaft zur riesigen Parkanlage und gleich am Wasser befindet. An dieser süd-westlichen Stelle des Parks gibt es einen kreativen Spielplatz, an dem sich die Kleinen spielerisch mit Erdteilen auseinandersetzen können und den gekennzeichneten Nichtschwimmerbereich. Wandern wir Richtung Osten entlang des ca. 450m langen und sich gemütlich dahinschlängelnden sandig-kiesigen Ufers, fallen uns vor allem die riesigen uralten Bäume auf, die an Hochsommertagen viel Schatten spenden. Sie wurden teilweise zu Naturdenkmälern erklärt und von der Stadt Wien entsprechend als »Weide-Baumbiotop am Wasser« etikettiert. Hinter uns können wir das Ping-Pong eines Tischtennisballs hören und vor uns treiben Boote und Kajaks am Wasser vor der Kulisse der Skyline von Gotham (Donau- und UNO-) City. Das Hochhauspanorama im Hintergrund jedes Selfies macht sich gut, wienerischer geht's

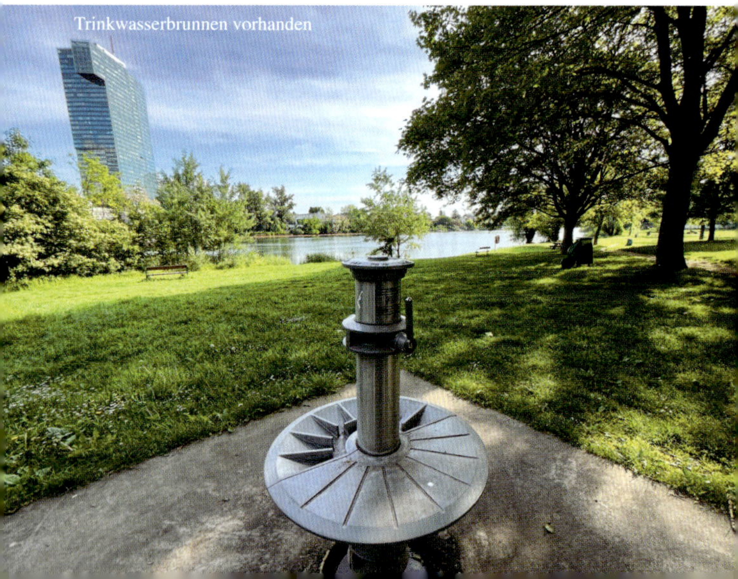
Trinkwasserbrunnen vorhanden

nur noch vor dem Stephansdom. Nicht nur für die Weitläufigkeit der Parkanlage und die einfache Erreichbarkeit mit den Öffis, sondern auch für die Annehmlichkeiten der vorhandenen WCs, dem Trinkwasserbrunnen und der Tatsache, dass hier Hunde erlaubt sind, geben wir der Kaiserwiese ein fettes Plus. Für alle, die gerne etwas wärmeres Wasser als drüben in der Alten Donau lieben und denen der schlammige Boden nichts ausmacht, ist hier der perfekte Place-to-be.

Öffentliche Anreise: U1 › Kaisermühlen-VIC
Öffnungszeiten: Zugang jederzeit möglich; Hunde erlaubt.

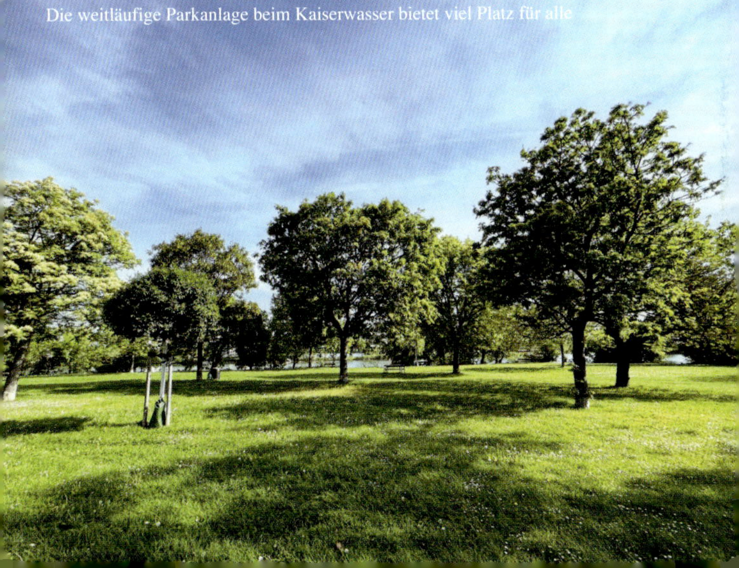
Die weitläufige Parkanlage beim Kaiserwasser bietet viel Platz für alle

PLACE 13

Sprunghaft

Große Bucht – Untere Alte Donau

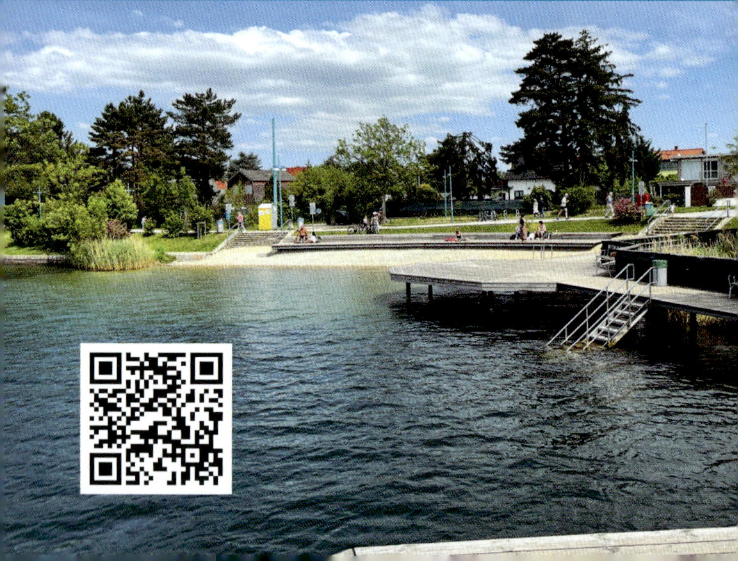

ADRESSE

1220 Wien, An der Unteren Alten Donau 159, Große-Bucht-Straße

BESONDERHEITEN

- Liegearena inklusive Steganlage
- Kindgerechte Flachwasserzone
- Sprunginsel

Die Große Bucht ist einer von vielen beliebten Badebereichen an der Promenade der Unteren Alten Donau. Entlang des 8km langen Ufers gelangen wir an zahlreiche Buchten, Holzstege und Wasserzugänge mittels Steinstufen sowie die weitläufigen Liegewiesen mit Sanitäranlagen und Trinkwasserbrunnen. Es treffen sich hier viele vor allem junge Menschen, Wienerinnen und »Zuagraste« gleichermaßen, die gerne gemeinsam an den Stegen oder auf den Wiesen liegen oder sitzen und eine gute Zeit verbringen möchten. Wer's sportlicher mag, nützt das fast strömungsfreie Wasser des Donauarmes und schwimmt vis-à-vis ans andere Ufer, dorthin wo sich z.B. das Gänsehäufel und der ArbeiterInnenstrand befinden. Kinder und Gäste, die es lieber weniger tief mögen, finden hier an der Großen Bucht die angenehme Flachwasserzone, einen Kieselstrand und vorne die weit ins Wasser hinausreichende Steganlage, die sich übrigens bestens für Köpfler und Arschbomben eignet, neben den halbkreisförmigen Liegeplateaus. Im Sommer 2023 wurde dieser Badeplatz von der Stadt Wien komplett neu gestaltet. Es sind nicht nur die vielen Möglichkeiten zur Freizeitgestaltung wie Bootsvermietungen – auch abends mit Beleuchtung –, organisierte Kajaktouren, Stand-Up-Paddelverleih und vieles mehr, die die Strände an der Alten Donau so attraktiv machen, sondern es ist auch das geniale Urlaubsfeeling, das aufkommt, wenn man auf einer der Restaurant-Terrassen sitzt, am Glas des Aperol-Spritz nippend auf das glitzernde Wasser schaut oder sich beim Anblick des hinter

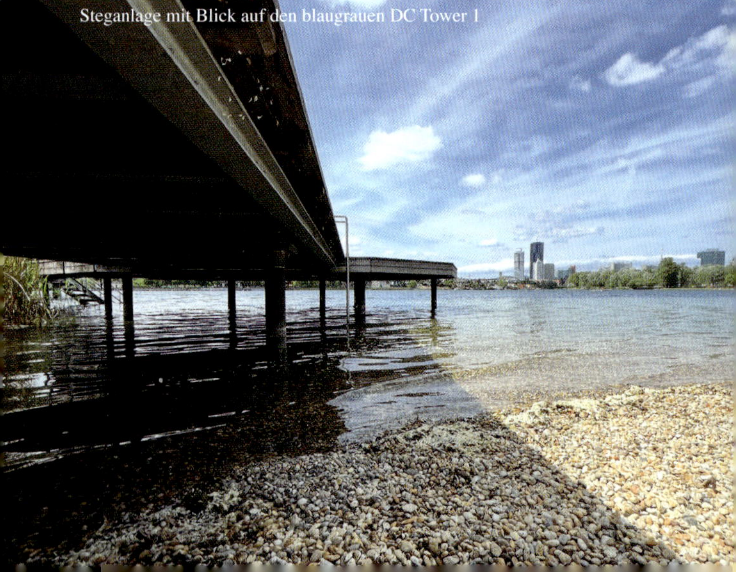
Steganlage mit Blick auf den blaugrauen DC Tower 1

der Stadt untergehenden orange-roten Sonnenballs verzaubern lässt. Es erwarten uns klares Wasser, kaum Strömung, ein paar Wasserpflanzen da und dort, die aber von der MA45 regelmäßig gestutzt werden, und viel Lebensfreude. Oberhalb der Bucht gibt es – zwar nicht direkt am Wasser, aber doch sehr nah – im »Strandbeisl Selbstverständlich« Leckereien und Erfrischendes. Mobile WCs vorhanden!

Öffentliche Anreise: U2 › Donaustadtbrücke, 93A › Siedlung Einigkeit, 94A › Deinleingasse, Öffnungszeiten: Zugang jederzeit möglich, Hunde an den Stegen verboten, an der Promenade an die Leine.

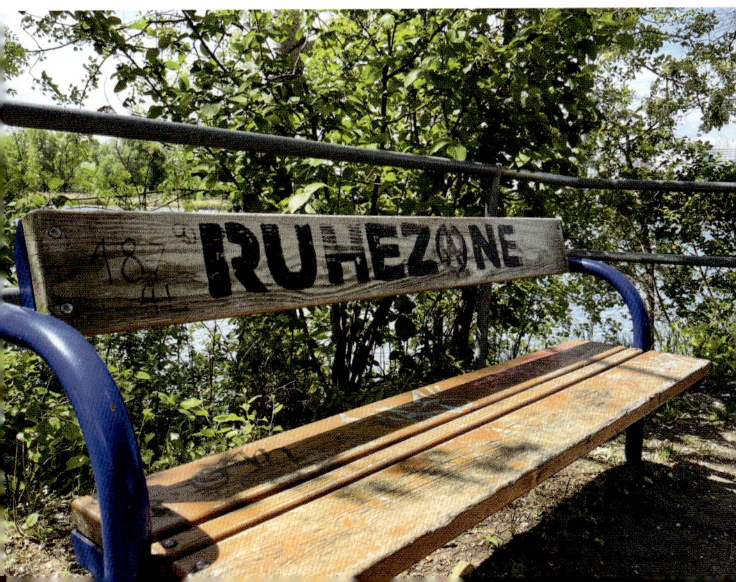

PLACE 14

Hinreißend

Lagerwiese Rehlacke – Untere Alte Donau

ADRESSE
1220 Wien, Lagerwiesenweg

BESONDERHEITEN
- Spielplatz, Trinkwasser & WCs
- Gute Stimmung, lebendiges Treiben
- Romantischer Sundowner-Place
- Badewannenwarmes Wasser

Im Zuge der Donauregulierung und des Donaudurchstichs 1875, einem gigantischen Bauprojekt, bei dem übrigens die selben Maschinen verwendet wurden wie beim Bau des Suezkanals, entstand durch die Abtrennung der fünf einst durch Wien fließenden Flussarme im Flussbett des ehemaligen Hauptarmes der Donau die heutige »Alte Donau« – ein sogenannter Flachsee. Das nunmehr 1,6 km^2 große und durchschnittlich 2,3 Meter tiefe Binnengewässer berührt gleich zwei Bezirke – nämlich Floridsdorf und Donaustadt – und teilt sich in etwa ab der Mitte (Wagramer Straße/Kagraner Brücke) in die Bereiche Obere und Untere Alte Donau. Das beliebteste Naherholungsgebiet der Wienerinnen und Wiener wurde im Rahmen eines EU-geförderten Renaturierungsprogrammes zum wichtigen Lebensraum von Bibern, Zauneidechsen, blau-grün glitzernden Libellen sowie insgesamt über 45 teils gefährdeten Arten. Spazieren wir ab der Kagraner Brücke entlang der linken Uferpromenade, gelangen wir bald an die größere der beiden Wiesen, die Lagerwiese Rehlacke, an der es für einen entspannten Badetag an eigentlich nichts fehlt. Es ist hier an heißen Hundstagen richtig viel los, aber Schattenplätze gibt es trotzdem immer ausreichend und die Stimmung ist gut. Wir beobachten die Boys beim Flirten mit den Girls, drüben tanzt jemand zum Sound des mitgebrachten Ghettoblasters und an den Tischtennistischen matchen sich gerade zwei Omas mit ihren Enkerln. Oben am großen Spielplatz tollen die Kleinen, rutschen, klettern, schaukeln und gatschen im Sand. Im fast schon

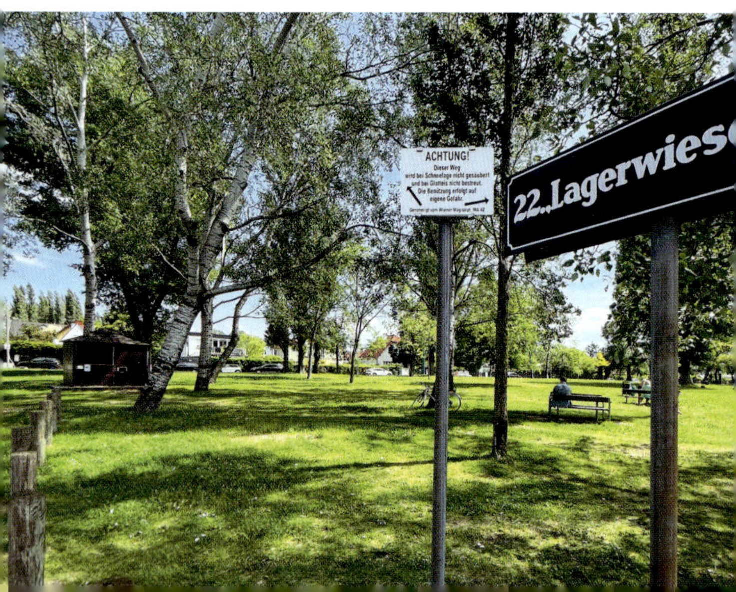

badewannenwarmen Wasser der Alten Donau treiben Menschen auf Luftmatratzen, Kajaks und Stand-Up-Paddel-Boards an uns vorbei, die wir von einem der Holzstege aus – gemütlich in der Sonne liegend – beobachten. Später dann, wenn die Sonne untergeht, findet man uns auf der Terrasse von Landmanns »Das Bootshaus«, unweit der Lagerwiese Rehlacke, wo wir bei einem Caipi und Calamari fritti oder Fish & Chips den Tag perfekt ausklingen lassen.

Öffentliche Anreise: U1 › Kagran, 25 › Arminenstraße, 93A › Benatzkygasse
Öffnungszeiten: Zugang jederzeit möglich; Hunde auf der Wiese verboten!

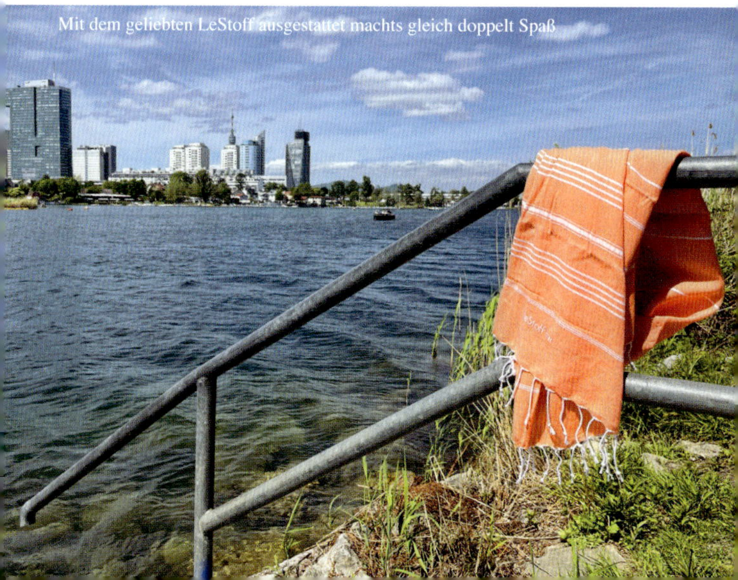

Mit dem geliebten LeStoff ausgestattet machts gleich doppelt Spaß

PLACE 15

Unbeschwert

Strombucht

ADRESSE
1220 Wien, zwischen Dampfschiffhaufen 8 und 14

BESONDERHEITEN

- Geheimtipp
- Kaltes klares Wasser
- Öffentliches WC und Dusche

Nichtsahnend gelangen wir einem Geheimtipp folgend an die sogenannte Strombucht, ein kuscheliges Platzerl etwas versteckt beim Dampfschiffhaufen an der Alten Donau. Nur gute 300 Meter von der Busstation Dampfschiffhaufen der Linien 92A und 92B einmal linkerhand quasi ums Eck wandernd, finden wir uns an einer chilligen Liegewiese mit Pappeln, Weiden und geschwungener Liegebank-Möblage, dem flach abfallenden Kiesstrand sowie einem betonierten Badesteg mit Metallleiter wieder und begegnen einem Grüppchen super-sympathischer Menschen, die sich hier regelmäßig zum Schwimmen treffen. Es sind hartgesottene Eisschwimmer, engagierte Strombucht-Fans, kreative Badeenten-Sammler, extreme Kraul-Profis, sportliche Individualistinnen, Gospelchorsängerinnen, Strombucht-Piraten, Menschen mit Humor und Herz, sich miteinander Vernetzende und, wo es eben geht, gegenseitig Unterstützende. Dass dem Ort die positive Stimmung der kleinen

Strombucht-Community gut tut, kann er auch, wenn er noch so gerne wollte, nicht verheimlichen. Das Wasser ist tiefer als oben im Kaiserwasser und man kann hier so richtig sportlich lange Längen schwimmen und kraulen. Sportlich geht's auch bei den hier angesiedelten Rudervereinen vis-à-vis und weiter vorne zu. Es finden regelmäßig Drachenbootrennen statt und auch im Winter ist hier ordentlich was los, wenn die Eisschwimmerinnen Mut und Härte beweisen, um der Kälte trotzend ins kalte Wasser zu steigen. Faszinierend, wenn man bedenkt, dass hier früher wie an allen Ufern

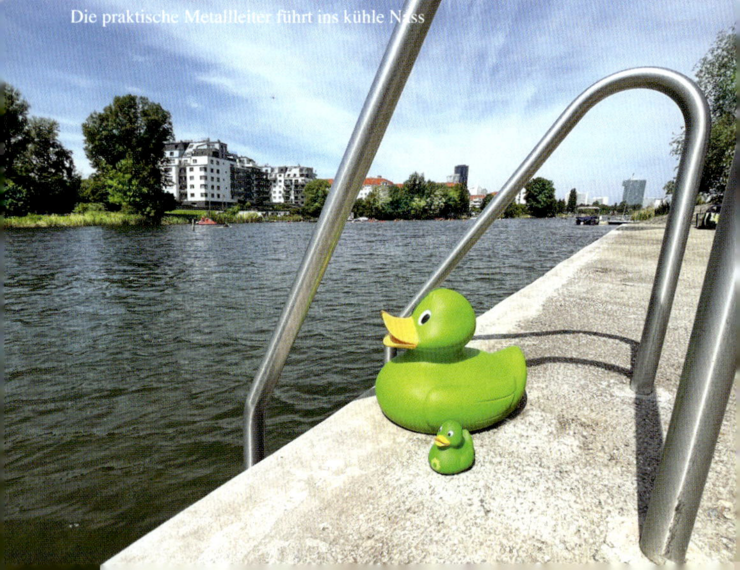

Die praktische Metallleiter führt ins kühle Nass

der Alten Donau sogenannte Eiswerke betrieben wurden. Sie ernteten vor der Erfindung von Kältemaschinen im Winter Natureis, lagerten dieses ein und belieferten vorwiegend Gewerbebetriebe wie Brauereien, Gaststätten, Molkereien und wohlhabende Haushalte mit Stangeneis zu Kühlzwecken. Eisstandl und Imbissbude gibt es derzeit zwar noch weit und breit keine, aber an der Straße oben wurde erst unlängst die öffentliche Sanitäranlage mit Dusche aufgestellt.

Öffentliche Anreise: 92A, 92B › Dampfschiffhaufen
Öffnungszeiten: Zugang jederzeit möglich; Hunde nicht erlaubt!

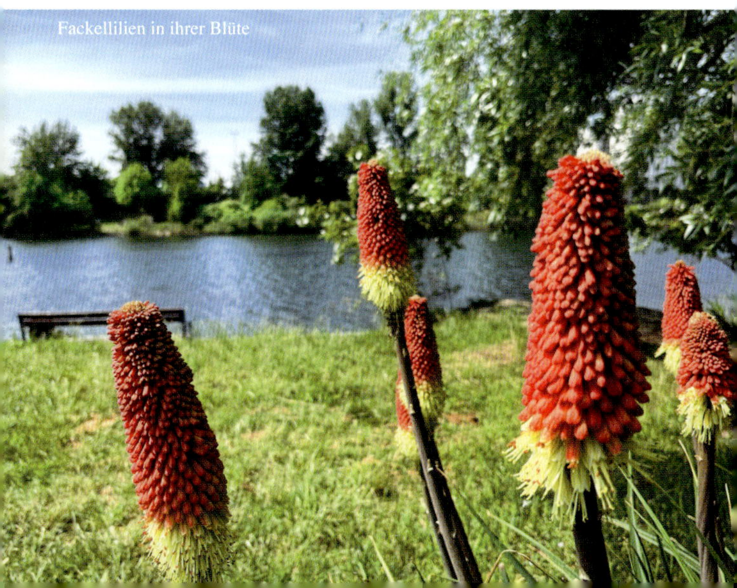

Fackellilien in ihrer Blüte

PLACE 16

Historisch

ArbeiterInnenstrand

ADRESSE

1220 Wien, Arbeiterstrandbadstr. 89

BESONDERHEITEN

- Großzügige Wiese mit viel Schatten
- Sanitäranlagen, Trinkwasserbrunnen
- Flach abfallende Uferstellen
- Gratis Tennisplätze

In unmittelbarer Nachbarschaft zum Strandbad Alte Donau wurde das ursprüngliche Arbeiterstrandbad im Jahr 2015 als öffentlicher Naturbadeplatz frei zugänglich gemacht. Bis hierher hat der Ort eine bewegte Geschichte zu erzählen. Sie beginnt um 1912 mit dem Engagement von Buchdruckern, die gemeinsam mit finanziellen Beiträgen der Nussdorfer Brauerei den Arbeiterschwimmverein dabei unterstützten, ein Sommerbad für Arbeiter zu errichten. Im Zuge der Eröffnung des Bades bekam auch die damals noch namenlose Straße den Namen Arbeiterstrandbadstraße. Wegen der ungünstigen politischen Entwicklungen wurden 22 Jahre später demokratische Arbeitervereine aufgelöst und der Besitz des Sommerbades ging in die Verwaltung der Sportvereinigung des Gewerkschaftsbundes, weitere 11 Jahre später in die Verwaltung des Magistrats der Stadt Wien über. Von den 80er-Jahren bis 2014 war die Anlage verpachtet, privat genutzt und überhaupt nicht öffentlich zugänglich.

Während drüben im Strandbad Alte Donau eine Eintrittskarte gelöst werden muss, um ans kühle Wasser und zu den anderen Annehmlichkeiten wie dem Kinderbecken, einem Mehrzweckbecken und den diversen Ballspielplätzen und sogar Turngeräten zu gelangen, dürfen hier am ArbeiterInnenstrand alle, die mögen, ganz kostenlos und jederzeit frei zugänglich zu Abkühlung herkommen. Wir finden am 23.000m^2 großen Gelände sandige Zugänge zum flach abfallenden Wasser, mit Schilf bewachsene Uferzonen und eine schier nie enden wollende Wiesenfläche mit viel

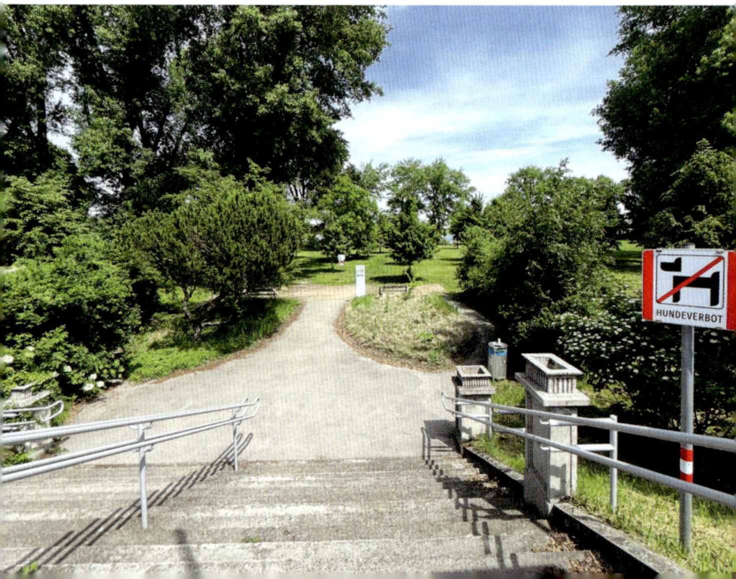

schattenspendendem Altbaumbestand. Ein bisschen wirkt es hier so, als würde sich der gegenüberliegende Donaupark mit seinen Annehmlichkeiten wie den gratis Tennisplätzen, den Trinkwasserbrunnen und Sanitäranlagen bis hier herüber strecken. Auch das Publikum scheint ähnlich bunt durchgemischt wie im Donaupark zu sein. Die vielen auf der Wiese verteilten Bank-Tisch-Kombis bieten auch größeren Familien entspannende Stunden bei Sonnenbad und Picknick.

Öffentliche Anreise: 20B › ArbeiterInnenstrand
Öffnungszeiten: Zugang jederzeit möglich; Hunde nicht erlaubt!

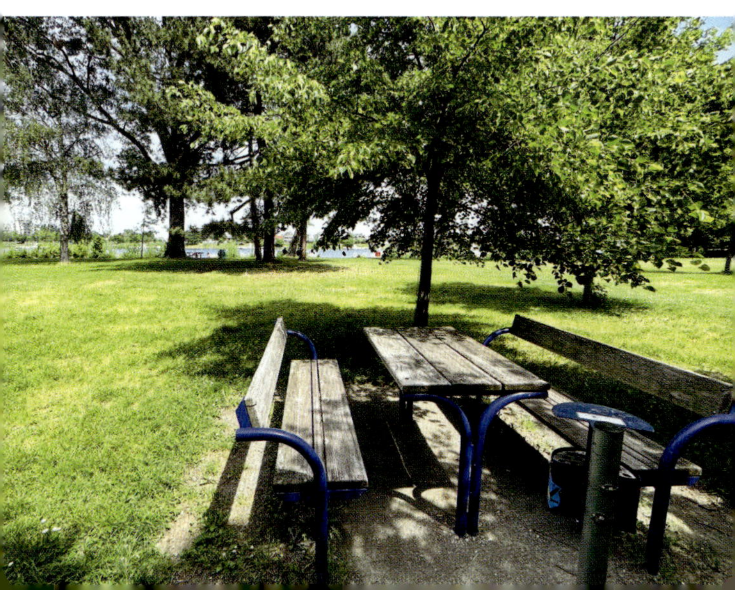

PLACE 17

Attraktiv

Dragonerhäufel

ADRESSE
1210 Wien, Sintiweg 10

BESONDERHEITEN
- Flach abfallender Strand
- Viel Schatten, große Wiese
- Sanitäranlagen, Trinkbrunnen
- Kinderspiel- und Ballspielplätze

Die Lagerwiese am Romaplatz (Parkanlage Dragonerhäufel), von vielen auch Romawiese genannt, ist frei zugänglich und beschreibt einen weiteren kostenlosen Naturbadeplatz an der Oberen Alten Donau. Zwischen dem Strandbad Angelibad und dem Strandbad Alte Donau, zwei kostenpflichtigen Freibädern der Stadt Wien, erreichen wir die kinderfreundliche Bucht mit dem Fahrrad entlang des Radweges an der Arbeiterstrandbadstraße ab der U6-Station Neue Donau in etwa 10 Minuten per pedes oder gemütlich mit dem Bäderbus bis vor »die Haustür«. Hinter der Böschung geht's hinunter zum flach abfallenden Wasser, das nur langsam tiefer wird und auch für kleine Kinder optimal zum Planschen geeignet ist. Gute Schwimmer und größere Kids schwimmen die Bucht entlang des Birnersteigs hinauf, der ein Queren zur gegenüberliegenden Uferseite auch zu Fuß ermöglicht. Die Liegewiese ist gut ausgestattet und wirkt aufgeräumt und sauber, der angrenzende Kleinkinderspielplatz wird durch Einrichtungen für die Großen ergänzt. Es sind der Beachvolleyballplatz, ein Tischtennistisch und ein Basketballkorb, die neben den äußerst hübschen Bereichen am Wasser für unterhaltsame Stunden sorgen. Große Bäume schützen uns vor allzu vielen Sonnenstrahlen und wer mag, spannt sich die eigene mitgebrachte Hängematte zwischen dicken Baumriesen und liest gemütlich ein Buch. Sanitäranlagen und gleich mehrere Trinkwasserbrunnen befinden sich auf der Anlage verteilt. Wer hungrig oder durstig ist oder wer Lust auf ein Eis bekommt, holt

Aufpassen: Mit diesen anmutigen aber oft grantigen Genossen ist nicht zu spaßen!

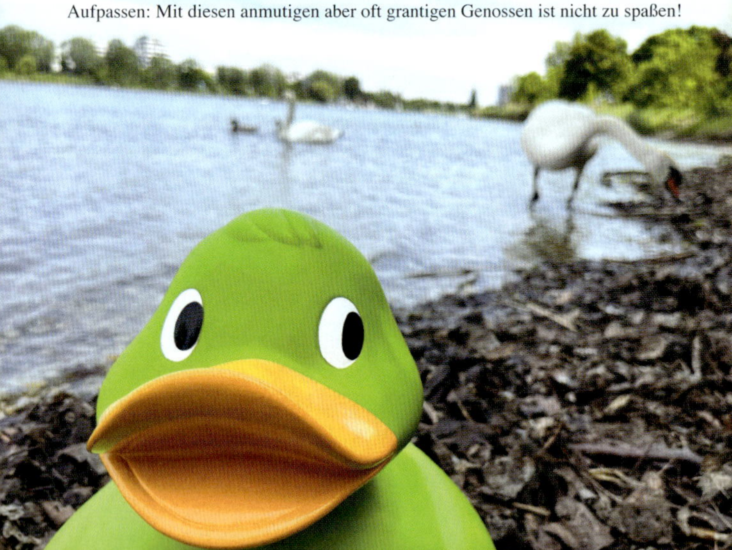

sich was vom Imbissstand außerhalb des Zauns. Für den größeren Appetit geht man rüber ins legendäre Strandgasthaus Birner mit der wirklich ausgezeichneten Wiener Küche, setzt sich auf die Terrasse und schaut bei Würstel mit Saft oder einem guten Schnitzi und einem G'spritzten auf das glitzernde Wasser der Alten Donau. Hier gibt es übrigens auch Eis im Stanitzel zum Mitnehmen.

Öffentliche Anreise: U6 › Neue Donau, 20A › Josef-Melichar-Gasse, 20B › Angelibad; Öffnungszeiten: Zugang jederzeit möglich, aber: Nachtruhe von 22:00 bis 6:00; Hunde auf der Wiese nicht erlaubt!

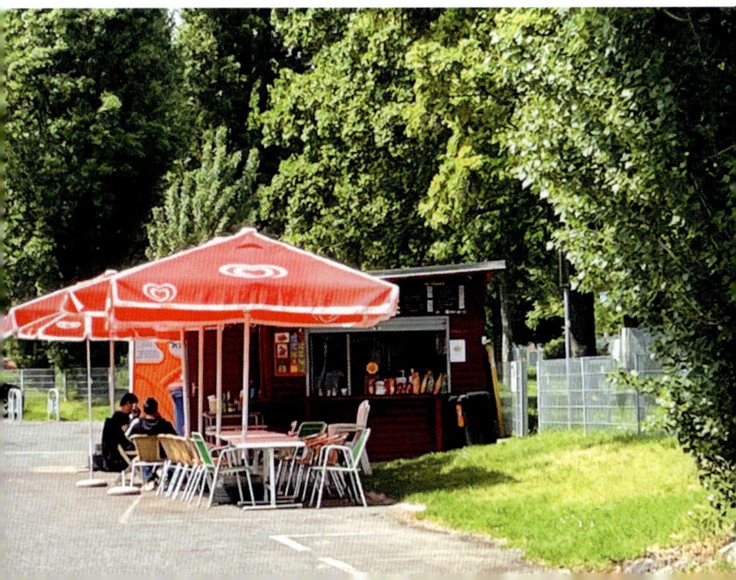

PLACE 18

Szenisch

Mühlschüttel – Obere Alte Donau

ADRESSE

1210 Wien, An der Oberen Alten Donau 103-123

BESONDERHEITEN

- Einfach öffentlich erreichbar
- Breite Steganlagen direkt am Wasser
- Kinderspielplatz

Am linken Ufer der Oberen Alten Donau wurden 2023 auf Höhe Nr. 103-127 fünf komplett neue Steganlagen installiert, die uns einladen hier unsere Badetage am Wasser zu verbringen. Der Bereich Mühlschüttel, an dem lange vor der Donauregulierung um die 30 Mühlen ihr Tagwerk vollbrachten, glänzt heute in komplett neuem Glanz. Geht man die betonierten Stufen von der Promenade die Böschung hinunter, wird man von nigelnagelneuen Holzstegen und breiten Liegeplateaus begrüßt und hat die Qual der Wahl, denn noch hat sich offenbar nicht herumgesprochen, dass hier ein weiteres feines Platzerl an der »Oiden« – wie die Wiener ihren Lieblingsaltarm der Donau gerne bezeichnen – zu finden ist. Es gibt an jedem der 5 Steganlagen 3 praktische Metallleitern zum einfachen Ein- und Ausstieg ins Wasser und sieht man in die Ferne, kann man auf der anderen Uferseite den ArbeiterInnenstrand und im Süden den Donauturm erkennen. Das Wasser ist glasklar und die

Wasserqualität ausgezeichnet. Dies ist auch der Mähboot-Flotte der MA45 zu verdanken, die jährlich circa 2 Millionen Tonnen Unterwasserpflanzen aus der Alten Donau entfernt. Von Anfang April bis Mitte Oktober wird regelmäßig gemäht und so müssen sich Badende, die nicht gerne überraschend von ominösen Gewächsen im Wasser berührt werden, diesbezüglich keine Sorgen machen.

Öffentliche Anreise: 33A › Mühlschüttel (Mo-Sa) oder 25, 26 › Fultonstr. und 7min. Fußweg; Öffnungszeiten: Zugang jederzeit möglich; Hunde an den Stegen/auf der Wiese verboten, auf der Promenade an die Leine!

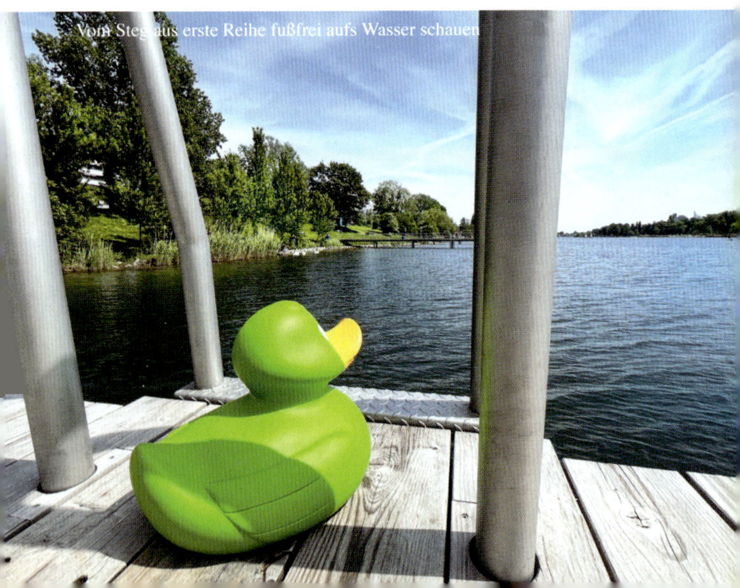

Vom Steg aus erste Reihe fußfrei aufs Wasser schauen

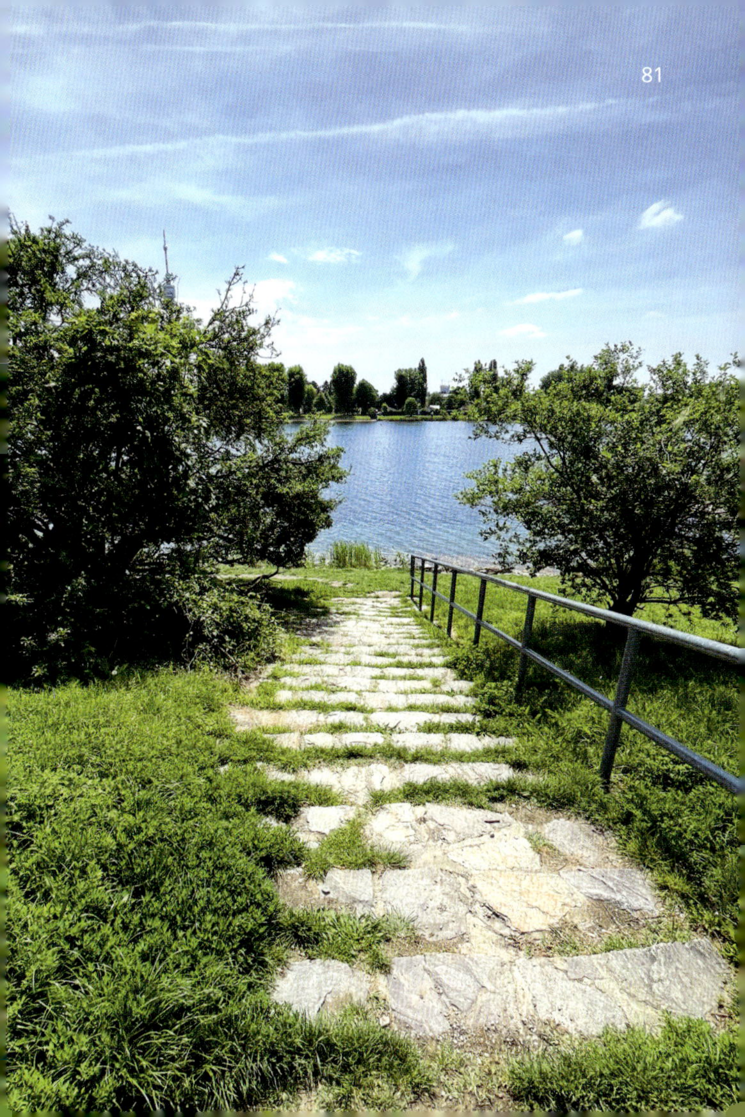

PLACE 19

Märchenhaft

Pirat Bucht

ADRESSE
1220 Wien, Kaisermühlendamm, zwischen Vienna City Beach Club und Wakeboard-Lift

BESONDERHEITEN
- 200m Sandstrand
- Alte Holzboote statt Pritschen

Captain Jack Sparrow und seine Crew konnten den Schatz, der sich angeblich in der Pirat Bucht auf der Neuen Donau befindet, leider nicht entdecken, so sind sie weitergezogen. Zwei alte Holzboote sowie ein Schatz in Form eines stadtnahen Refugiums mit riesigen Bäumen als Schattenspender, alten Steinquadern sowie praktischen Sitzgelegenheiten sind hiergeblieben. Zu unserem Glück, denn hier finden wir einen weiteren Wiener Wildbadeplatz, der sich nicht nur für Erwachsene, sondern auch für Kinder anbietet. Wem der Sinn zwar nicht nach Gold und Diamanten, aber nach einem Ort zur Erholung mit flachen kieseligen Badeeinstiegen für den einfachen Zugang ins Wasser und viel Platz zum Chillen steht, der wird hier fündig. Die 3.500m^2 große Pirat Bucht erreicht man am einfachsten mit den Öffis. An heißen Sommertagen und Wochenenden tummeln sich hier sonnenhungrige Piraten und Piratinnen sowie kleine und größere Seeräuberinnen. Spielplatz gibt es keinen, aber die beiden

Holzboote sind wie geschaffen, um auf ihnen herumzukraxeln und sich dabei vorzustellen, man wäre auf hoher See und würde wilde Wellen bezwingen. Wer Lust auf etwas Kühles hat, winkt dem Eismann, der mit seinem Wagen die Promenade rauf und runter fährt oder besucht das Restaurant »Wake Up« am Wehr 1. Von hier aus hat man nämlich zusätzlich die beste Aussicht auf wilde Wassersportakrobaten.

Öffentliche Anreise: U1 › Kaisermühlen, weiter mit 92A, 92B › Neue Donau Mitte oder U2 › Donaustadtbrücke und 900m Fußweg
Öffnungszeiten: Zugang jederzeit möglich, Hunde in der Bucht verboten!

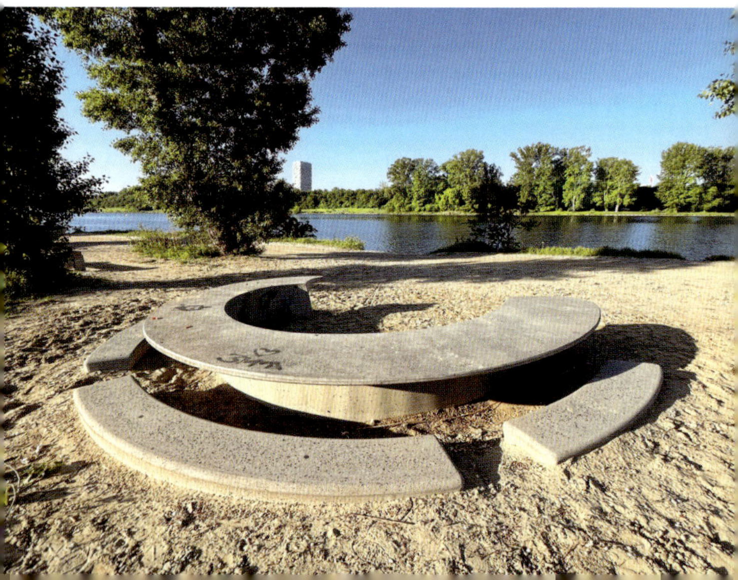

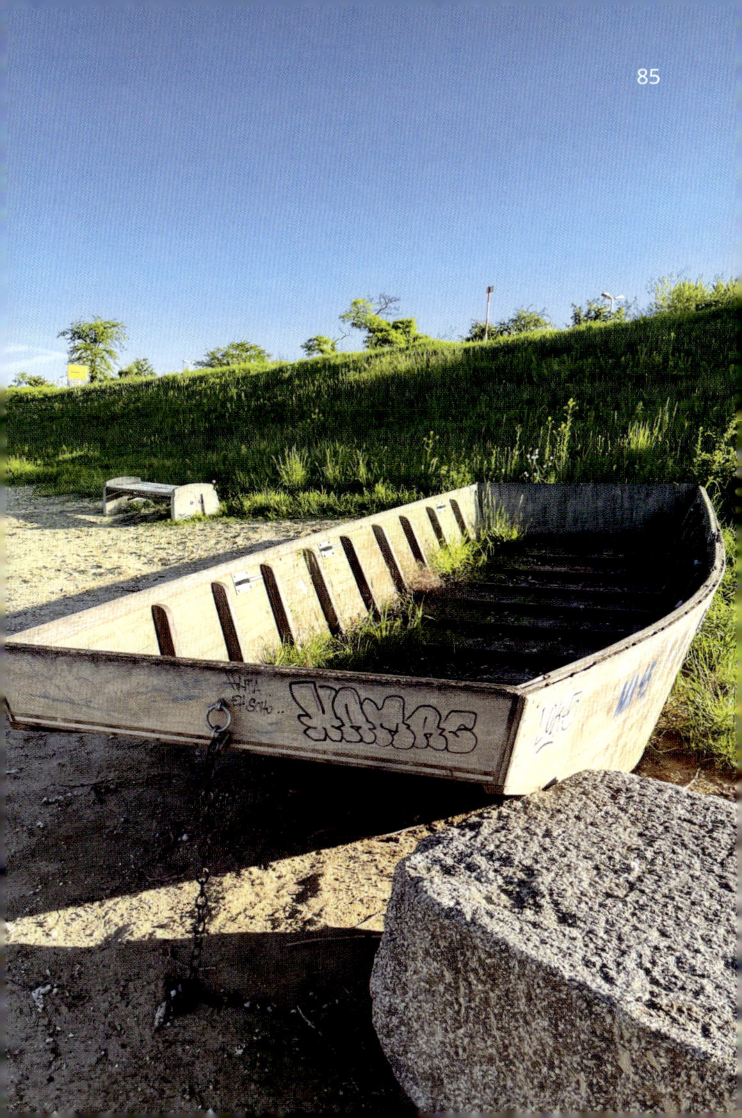

PLACE 20

Verspielt

Familienbadestrand Neue Donau

ADRESSE

1220 Wien, Am Bruckhaufen ggü. 3

BESONDERHEITEN

- Sehr seichtes Wasser
- Weitläufige Wiese
- Kinderplansch-Paradies
- Öffentlich gut erreichbar

Steigen wir an der Station »Neue Donau« der U6 aus und gehen wenige Minuten stromabwärts, kommen wir an den etwa 250m langen, flach abfallenden Strandabschnitt ans linke Ufer der Neuen Donau, der sich zwischen der Nordbahnbrücke und der Brigittenauer Brücke befindet. Hier erwartet uns ein Kinderparadies an künstlich vorgelagerten Inseln und Buchten, an denen sich's von allen Seiten im maximal einen Meter tiefen Wasser nach Herzenslust planschen lässt. Vom Windelmonster bis zum Pubertier, man hört sie schon von weitem. Wo früher steile Böschungen das Liegen eher unbequem gestalteten und die Wasserzugänge für Kinder nicht optimal waren, hat die Stadt keine Kosten und Mühen gescheut, um das Areal durch die Umgestaltung mit sanft geneigten Liegeflächen, den Flachwasserzonen und einer guten Infrastruktur aufzuwerten. Wichtig war nicht nur ein Mehr an Badespaß, sondern auch eine Verbesserung der Gewässerstruktur der Neuen

Donau. Ein Mehr an Lebensqualität auch, dass sich in den Gesichtern der Kleinen und Großen, Jungen und Älteren widerspiegelt – von allen aus fast überallher – oben am riesigen Kinderspielplatz, genauso wie auf der weitläufigen Liegewiese, am Beachvolleyballplatz, am Eisstandl und beim nahegelegenen Restaurant Richtung Brigittenauer Brücke. Die Stimmung ist lebensfroh und lebendig; Toiletten, Trinkwasserbrunnen und das Hundeverbot sind obligatorisch.

Öffentliche Anreise: U6 › Neue Donau
Öffnungszeiten: Zugang jederzeit möglich; Hunde verboten!

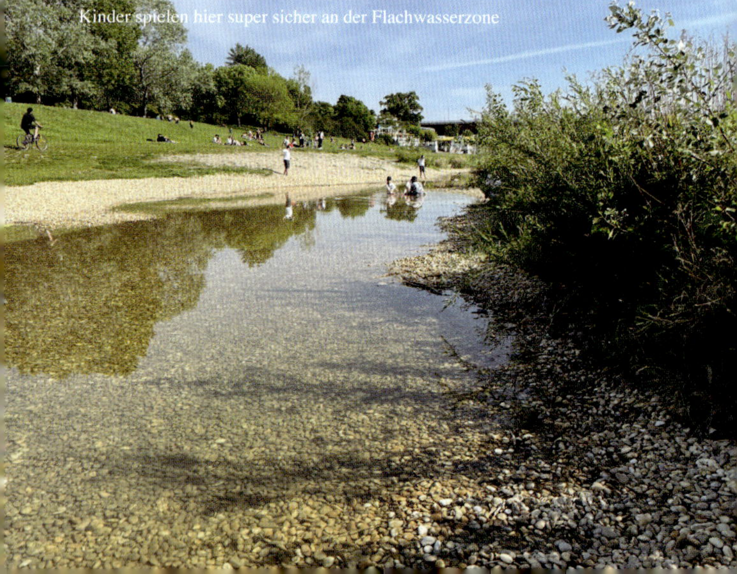
Kinder spielen hier super sicher an der Flachwasserzone

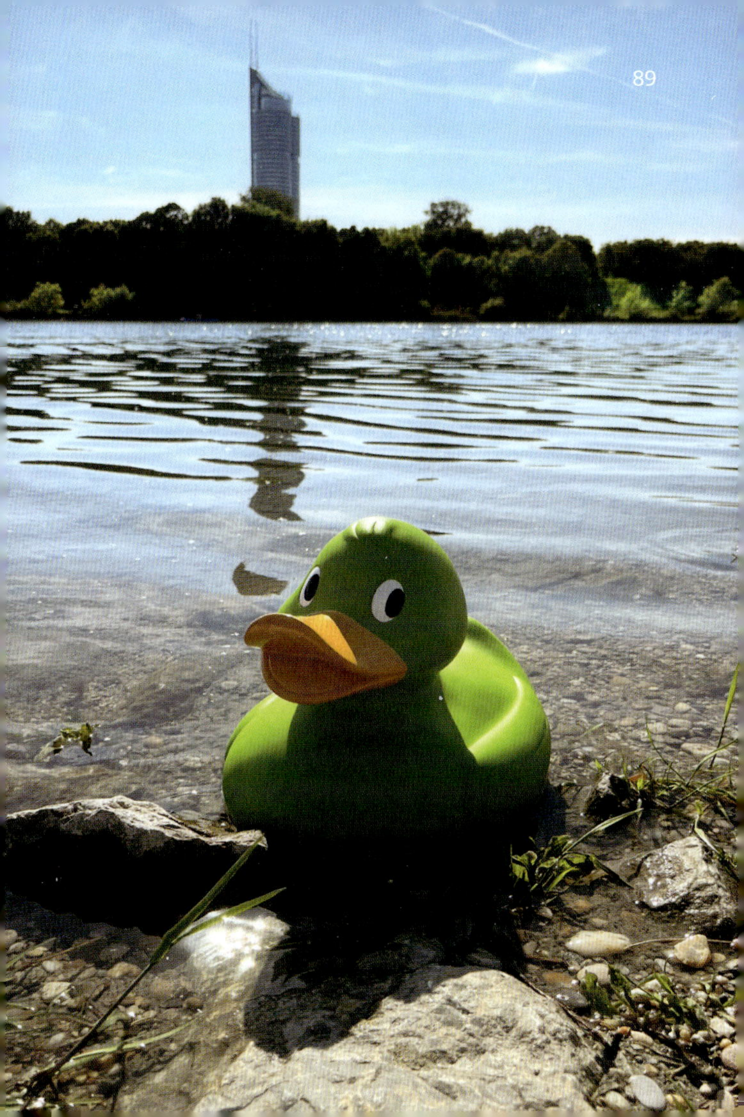

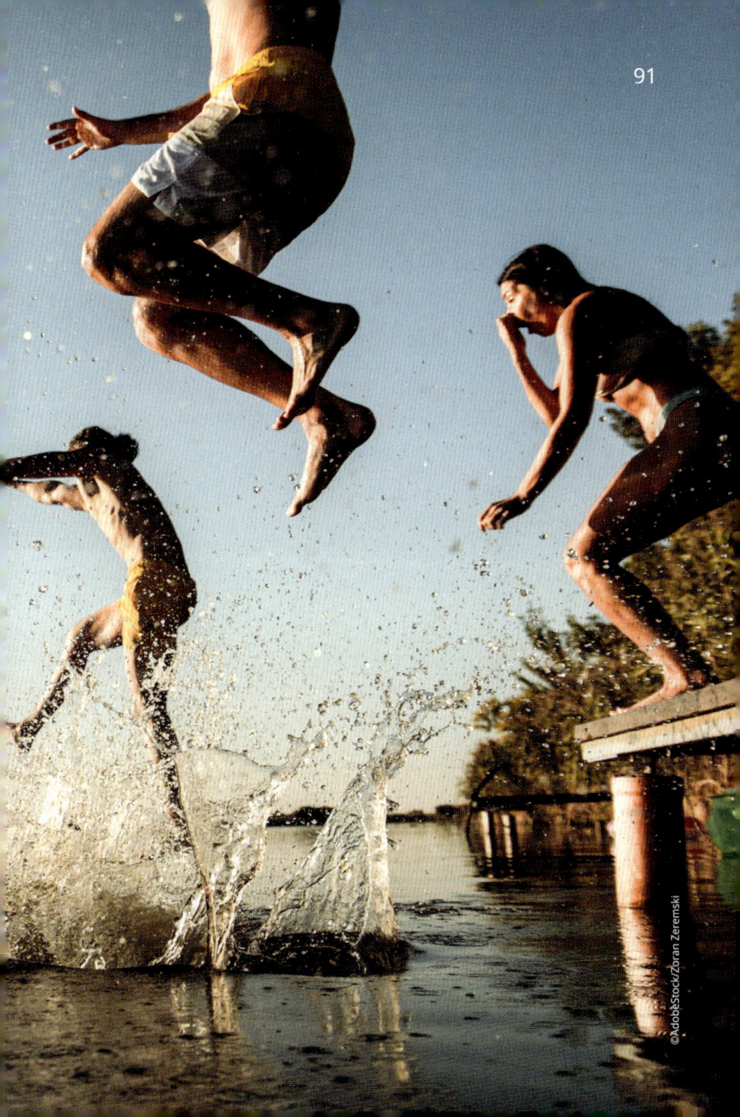

PLACE 21

Belebt

CopaBeach

ADRESSE
1220 Wien, U1-Station Donauinsel
Ausgang CopaBeach

BESONDERHEITEN
- Halligalli, Bars, Food-Trucks
- Sandstrand, Schwimmpontons
- Trampoline, Skatepark u.v.m.

Lust auf Schwimmen in der Neuen Donau bei Trinkwasserqualität und einem Sandstrand, der vom Stephansplatz aus in nur 7 Minuten erreichbar ist? Lust auf Trampolinspringen, Skaten, Radfahren, Wakeboarden und vieles mehr? Lust auf Urlaubsfeeling im American Style mit Drinks und moderner Gastro? Dann komm' mit und begleite uns zum angesagtesten Freizeitparadies der Wienerinnen und Wiener sowie vieler Touristen, die sich oft zufällig hierher verirren – nicht nur, wenn ihnen der Sinn nach Baden, Schwimmen und In-der-Sonne-Liegen steht. Für die ausgezeichneten Cocktails und die moderne Gastro in den Restaurants und den Food-Trucks entlang der gesamten Donauinsel aber vor allem hier am Hotspot CopaBeach oder drüben am anderen Ufer in der ehemaligen »Sunken City« ist die Lokation bekannt. Es geht aber auch ganz konsumfrei und zum Nulltarif. Zwischen schwimmenden Pontons und Stegen lässt es sich herrlich auf den dafür liebevoll arrangierten Holzliegen oder Steinplateaus auf Wiesenflächen oder mitten im warmen Sand, nah am Wasser oder etwas weiter weg in der Sonne liegen und chillen oder beim Wolkenschäfchen-Kreieren darauf warten, dass das Sonnenöl verdampft. Wer sich gerne sportlich verausgabt, tut dies an der angeblich weltgrößten schwimmenden Trampolinanlage oder leiht sich ein E-Bike, ein Stand-Up-Paddel-Board oder drüben auf der Uferseite vis-à-vis ein Boot. Es fehlt hier am 4 Hektar großen Freizeitareal mit dem 500m langen Ufer, den 2 Sandstränden und sogar Duschmöglichkeiten wirklich

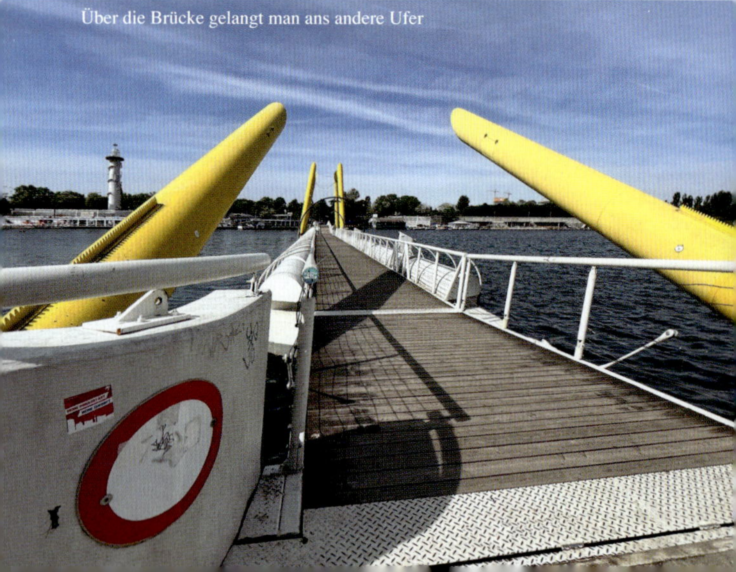
Über die Brücke gelangt man ans andere Ufer

an gar nichts. Liegt man auf einem der kostenlosen Liegestühle unter dem Sonnenschirm und kneift die Augen ein wenig zusammen, könnte man meinen, man wäre irgendwo an einem Sandstrand am Meer. Wer gerne ein bisschen die Gegend erkundet, nützt dazu die Copa Cruise, eine saisonal geführte kostenpflichtige Fährverbindung und entdeckt 3 weitere Spots an der Neuen Donau.

Öffentliche Anreise: U1 › Donauinsel, Ausgang CopaBeach
Öffnungszeiten: Zugang jederzeit möglich; Hunde am Strand und an den Uferzonen nicht erlaubt, entlang der Donauinsel-Promenade an die Leine!

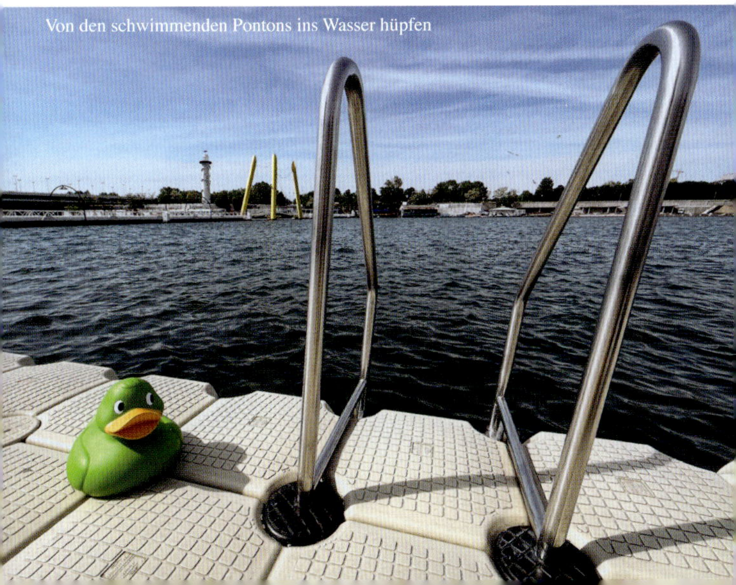

Von den schwimmenden Pontons ins Wasser hüpfen

PLACE 22

Theatralisch

Arena Beach

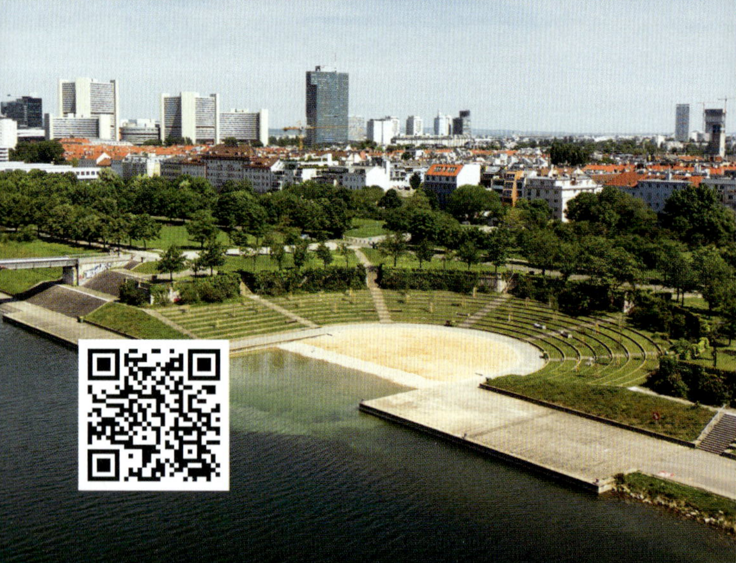

ADRESSE

1220 Wien, Kaisermühlenbucht, Am Kaisermühlendamm zw. Mendelssohngasse und Berchtoldgasse

BESONDERHEITEN

- Flacher Einstieg ins Wasser
- Begrünte Arena-Terrassen zum Liegen

Wer kennt sie nicht, die begrünten Arena-Terrassen der Kaisermühlenbucht, die, wenn man mit dem Fahrrad oder zu Fuß am linken Ufer der Neuen Donau stromabwärts unterwegs ist, plötzlich wie aus dem Nichts auftauchen und mit ihrer einzigartigen Form, die an ein griechisches Amphitheater erinnert, immer im Gedächtnis bleiben. Auch wenn man sich die Brücken und Uferbereiche und die einzelnen Donauinselabschnitte sonst nicht merken kann, diesen Ort kennt man. Nun wurde er verschönert und aus ihm der »Arena Beach« gemacht. 4.000m^3 Sand und Kiesel und der flach abfallende Strand, der für einen einfachen Einstieg bewusst mit einem leichten Gefälle zum Wasser hin geplant wurde, sorgen für einzigartiges Strand-Feeling, ganz so als wäre man verreist. Dass wir allerdings immer noch in Wien sind, in Kaisermühlen, um genau zu sein, lässt sich aber, hört man genauer hin, nicht verheimlichen. Ortsansässige Kaisermühlner, junge Familien, Papas und

Mamas sowie natürlich jede Menge Radausflügler, die einen kurzen Stopp einlegen, das Radl beiseitestellen und sich im glasklaren Wasser erfrischen – das Publikum ist bunt gemischt, herzlich, erdig und der Slang teilweise so, wie man ihn aus dem Kaisermühlen-Blues kennt. Die Flachwasserzone ist auch für kleinere Kinder geeignet, die die »große Sandkiste« für ihre Bauwerke und den einen oder anderen Gugelhupf nützen. Für Schatten sind die teils hitzetoleranten Bäume wie Feldahorne, Ölweiden und Blumeneschen verantwortlich. Besonders hübsch

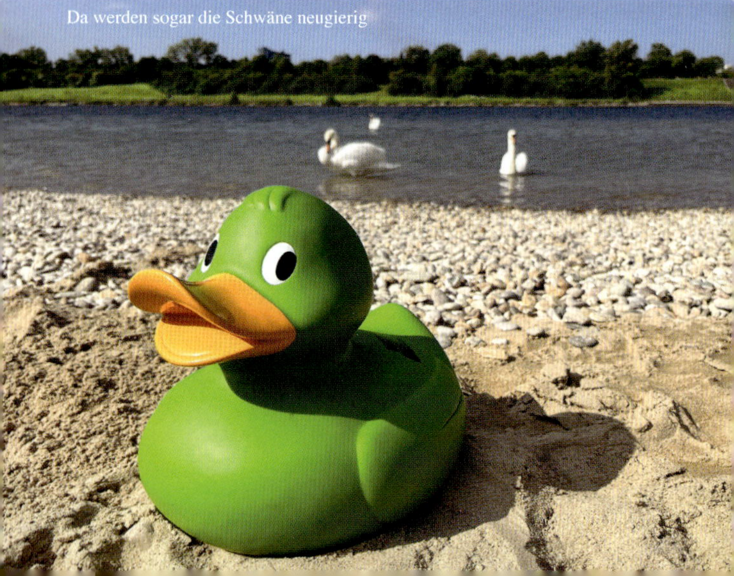
Da werden sogar die Schwäne neugierig

macht sich der Wilde Wein entlang der Balustrade ganz oben. Wer sich auf eine der acht aneinandergereihten Ebenen des begrünten Amphitheaters setzt, hat die perfekte Sicht über die ganze Anlage. Wandern wir über die Kaisermühlenbrücke ans andere Ufer, gelangen wir stromaufwärts in ein paar Minuten an den größten Spielplatz, den die Donauinsel zu bieten hat und daran angeschlossen zum weitläufigen Wasserspielplatz mit Biotop und Inselinfo.

Öffentliche Anreise: U1 › Kaisermühlen-VIC, weiter mit 92A, 92B
Öffnungszeiten: Zugang jederzeit möglich; Hunde am Beach verboten!

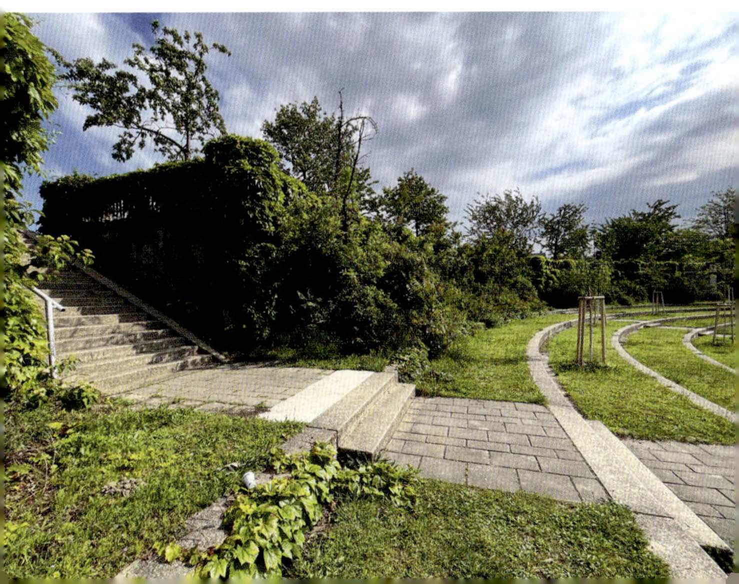

PLACE 23

Nahtlos

FKK Donauinsel

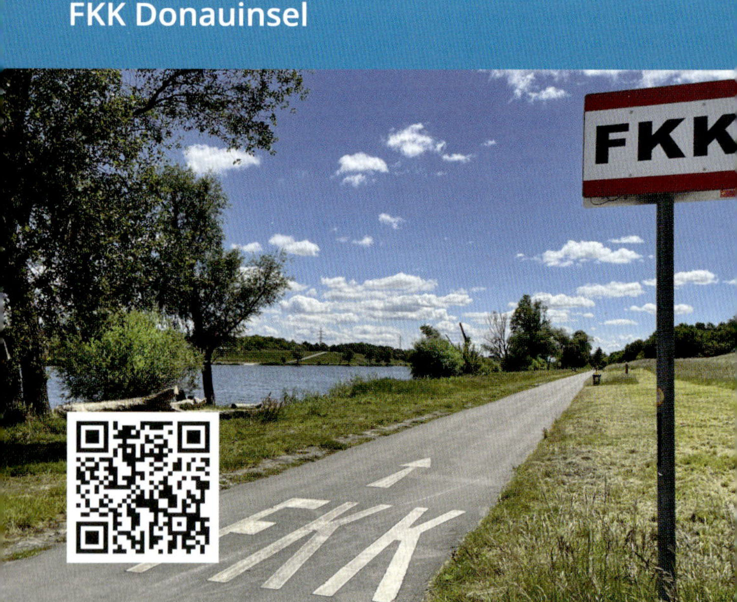

ADRESSE
1210 & 1220 Wien,
Donauinsel Nord und Süd

BESONDERHEITEN
- Komplette Infrastruktur vorhanden
- Gekennzeichnete FKK-Areale
- Klares Gewässer, kaum Strömung

In Wien gibt es zahlreiche Plätze, an denen hüllenlos gesonnt, gebadet und geschwommen werden darf. Drei davon finden sich auf der Donauinsel. Hier gibt es im Norden und im Süden auf über 8 Kilometern offiziell mit Bodenmarkierungen gekennzeichnete FKK-Areale. In allen Bereichen finden wir ausgedehnte Liegewiesen in verschiedenen Lagen, viele Schattenplätze und eine komplette Infrastruktur mit sanitären Anlagen und Trinkbrunnen, da und dort Rettungsschwimmreifen, Strände mit Schwimmpontons und welche aus Sand und Kieseln, zudem Stellen mit Steinstufenabgängen, bis hin zu Imbissbuden und dem Eiswagen, der die Insel auf und ab fährt und alle mit kühlen Getränken und Eis versorgt.

Donauinsel Nord

Wir starten beim Einlaufbauwerk Langenzersdorf, wo wir über die große Brücke zum nördlichsten Punkt der Donauinsel hinüberfahren und uns – nach einem kurzen Sightseeing Richtung Klosterneuburg vom Plateau aus – am besten mit dem Fahrrad oder zu Fuß am Treppelweg neben der Neuen Donau nach Süden bewegen. Wir gelangen bei Kilometer 19,5 zur Bodenmarkierung »FKK«, die bis Kilometer 17,7 den Nacktbadebereich kennzeichnet. Hier sind die Böschungen zum Ufer hin breiter und das Gebiet ist insgesamt wilder und ursprünglicher als im Süden.

Öffentliche Anreise: Von unten kommend: U6 › Neue Donau › 3km per Rad oder 34A › Jedlesee Überfuhrstraße › 10min zu Fuß;
von oben kommend: S3, S4 › Langenzersdorf › 3,5km per Rad

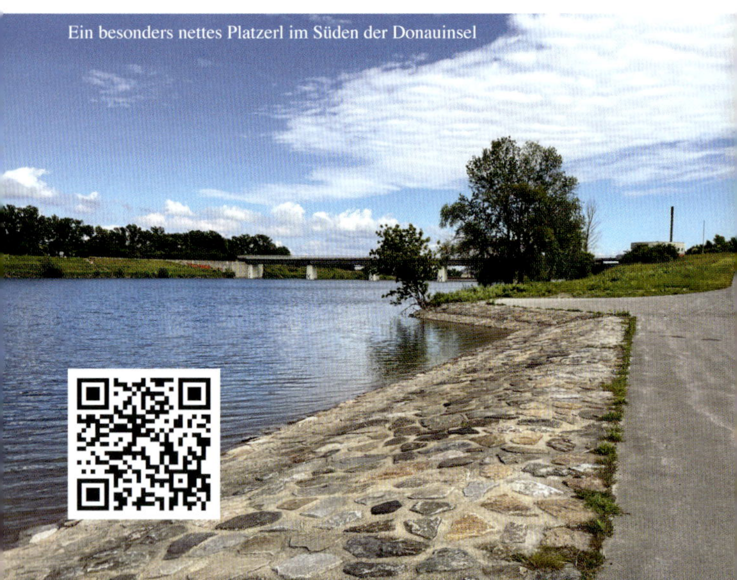
Ein besonders nettes Platzerl im Süden der Donauinsel

Donauinsel Süd

Unweit der Steinspornbrücke gibt es ab Inselkilometer 2,1 bis 5,1 zwei einander gegenüberliegende FKK-Spots. Hier wirkt alles viel aufgeräumter als im Norden. Drüben auf der Lobau-Seite allerdings gestaltet sich das Gebiet durch den Auwald ursprünglich und wild und auch am »Toten Grund« kann von toter Hose keine Rede sein. Trotzdem: Am hottesten Vienna Gay Beach ist Baden und Lagern offiziell verboten!

Öffentliche Anreise: 92B › Raffineriestraße/Biberhaufenweg, je nach Badeplatz 15min. zu Fuß; Zugang jederzeit möglich; Hunde an die Leine!

Diese Brücke trennt den »Toten Grund« von der Neuen Donau.
Tümpel am Wasser: ab Restaurant Himmel und Wasser 15min. Fußweg südlich

PLACE 24

Sprudelnd

Thermalbad Vöslau

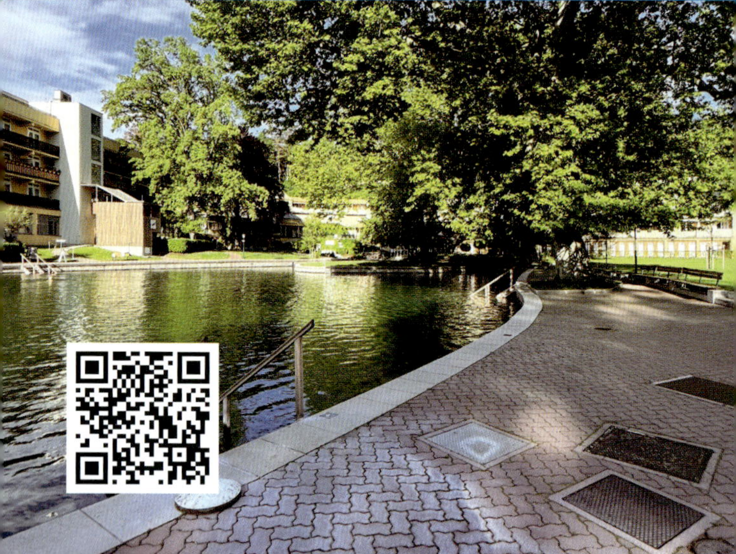

ADRESSE
2540 Bad Vöslau, Maital 2

BESONDERHEITEN
- Gut öffentlich erreichbar
- Nostalgische Architektur
- Baden im frischen Mineralwasser
- Kultur: Schwimmender Salon

Schwimmen in reinstem Vöslauer Mineralwasser? Was wie ein Märchen klingt, kann man im Thermalbad Vöslau hautnah erleben. Hier entspringt nämlich das reinste Wasser der Ursprungsquelle von Vöslauer, die das Bad voll mit wertvollen Mineralstoffen speist. Und das seit 15.000 Jahren. Gebadet wird hier seit 1822. Ursprünglich unter Mitwirken des Wiener-Ringstraßen-Architekten Theophil Hansen 1873 gebaut, wurde die Anlage 1924 komplett abgetragen und 1926 in Architektur von Peter Paul Brang und Wilhelm Luksch in historischem Stil, so wie sie sich heute präsentiert, wiedereröffnet. Betritt man diesen besonderen Ort, fühlt es sich an, als wäre man in eine andere Zeit gereist. In eine stillere, freundlichere und jedenfalls eine fern von jeglichem Stress und abseits der Hektik des Alltags. Weltbekannte Badegäste wie anno dazumal Arthur Schnitzler, der hier seine ersten Schwimmzüge übte oder Beethoven, der sich im Thermalbad von den gesundheitlichen Leiden erholte, kannten das Geheimnis dieses Ortes. Es ist ein zauberhafter Ort, an den man nicht nur des Schwimmens wegen und zur Sommerfrische anreist, sondern in den man eintaucht – und zwar mit allen Sinnen. Auf über 45.000m^2 sind 3 Becken in Ebenen aufsteigend arenaartig angeordnet. Uns interessiert das Grüne Becken, das mit frischem Mineralwasser von der Urquelle gespeist und durch den feinen Kiesel am Grund gereinigt wird, auf der mittleren Terrainstufe und das Waldbecken etwas versteckt im Föhrenwald ganz oben – beide mit natürlichem Wasser ohne Chlor gefüllt. Während man

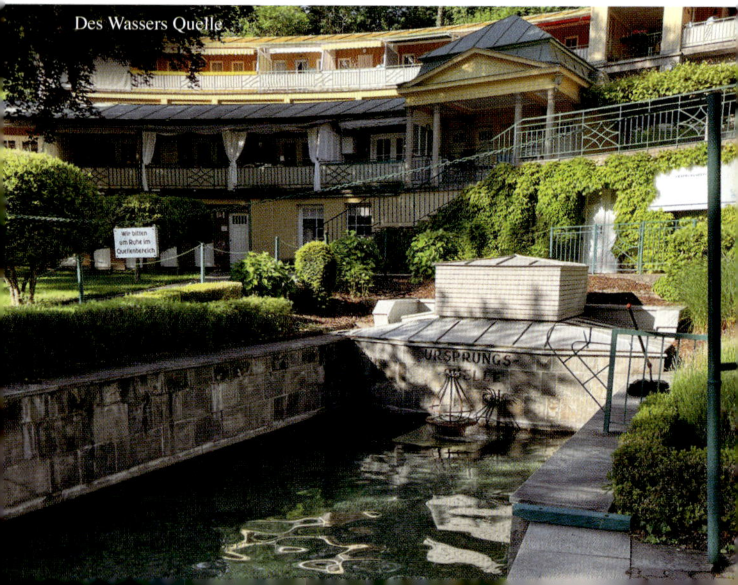

Des Wassers Quelle

die Steinstufen hinauf geht, gibt es mehrere Platzerl, die eine herrliche Aussicht über die gesamte Anlage bieten und man kommt aus dem Staunen gar nicht mehr heraus. Von hier aus gibt es auch einen guten Blick zur Insel im Grünen Becken, auf der regelmäßig kulturelle Veranstaltungen, wie z.B. der »Schwimmende Salon«, stattfinden. Für Kinder sind Spielplätze und ein separates Kinderbecken verfügbar und wem der Sinn nach Kaffee und Kuchen steht, geht in die Milchbar.

Öffentliche Anreise: 301, 303, 315 › Bad Vöslau Thermalbad (oder 1km zu Fuß ab Bahnhof); Öffnungszeiten: www.thermalbad-voeslau.at

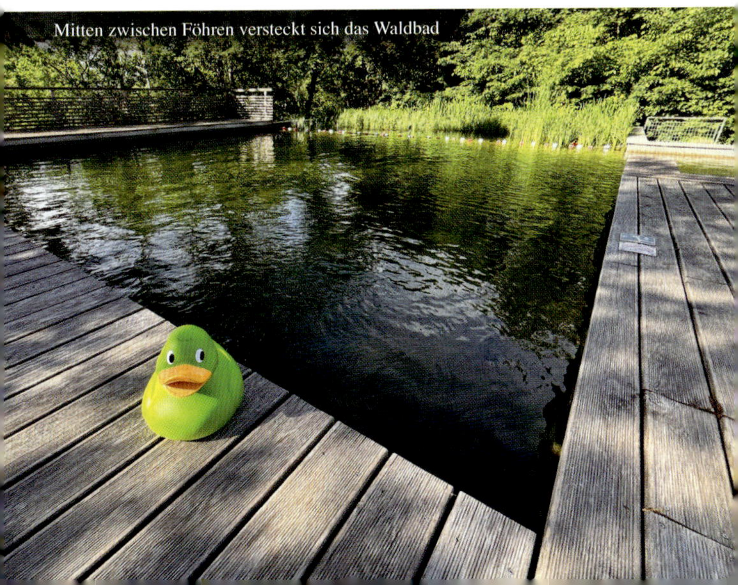
Mitten zwischen Föhren versteckt sich das Waldbad

PLACE 25

Erfrischend

Fischauer Thermalbad

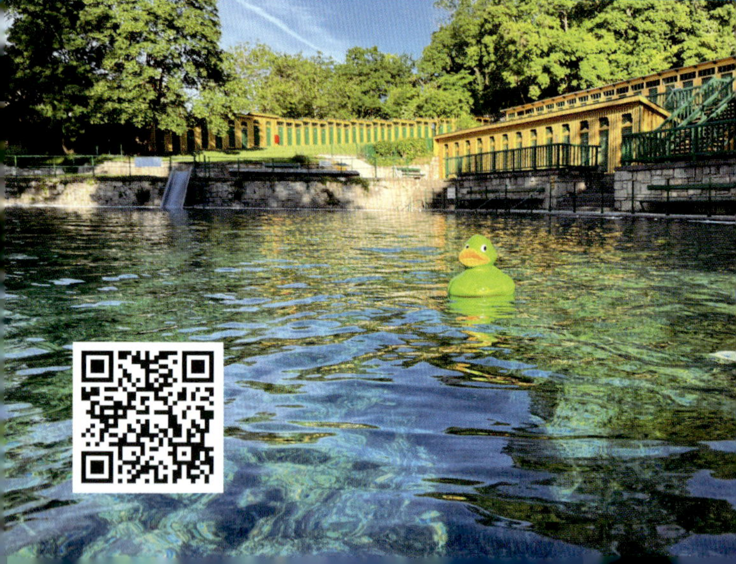

ADRESSE

2721 Bad Fischau, Hauptstraße 10

BESONDERHEITEN

- Naturbelassenes Thermal-Quellwasser mit konstanten 19°C
- Historisch-romantisches Ambiente
- Große Liegewiese mit alten Bäumen

Erfrischung pur! Wer kaltes Wasser liebt und die positive Wirkung auf den Körper kennt, ist hier genau richtig. Es sind konstante 19°C Wassertemperatur, mit denen die Becken in Fischau gespeist werden. Mit diesem Kälte-Kick können Adrenalin, Endorphine sowie entzündungshemmende Stoffe ausgeschüttet und nicht nur Glücksgefühle empfunden, sondern auch der Gesundheit wirklich Gutes getan werden. Regelmäßige Kältebäder gab es schon bei den Römern, später dann in der Monarchie wurden sie sogar von den Leibärzten des Hofes verschrieben. Nach kurzer Überwindung ins kalte Wasser gestiegen, merkt man gleich die belebende Wirkung. Das ganze System fährt hoch, der Körper »wacht auf« und reagiert blitzartig, indem er schnellstmöglich Wärme produziert. Die Gefäße weiten sich, das Blut zirkuliert schneller, der Geist wird wacher. Wer regelmäßig hier schwimmt, wird belohnt: das Herz-Kreislauf System profitiert und die Immunabwehr steigt.

Gründer und Erbauer des Thermalbades war ein Hamburger Ingenieur namens Franz Plietzsch, den Mitte des 19. Jahrhunderts wie viele andere der Ringstraßen-Bau nach Wien gelockt hatte und der beim Bau der ersten Wiener Hochquellenwasserleitung Arbeit fand. Es wurde ihm der Streckenabschnitt bei Fischau am Steinfeld zugeteilt, wo er mit seinen italienischen Arbeitern Messstationen errichtete. Auf der Suche nach Duschmöglichkeiten für seine Arbeiter, nützte er eine uralte Quelle und baute ein Schwimmbad, das von der selben Quelle gespeist wurde. Das Wasser dieser

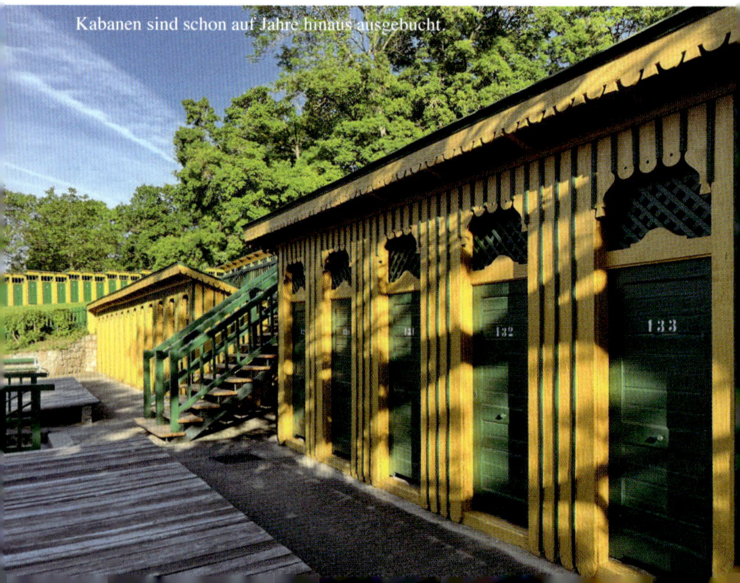

Kabanen sind schon auf Jahre hinaus ausgebucht.

Quelle durchfließt auch heute noch das Becken des ursprünglichen Herrenbades und gewährleistet durch den ständigen Zufluss an Quellwasser und die permanente Erneuerung desselben maximale Sauberkeit. Vor den ins historische Licht der Donaumonarchie getunkten grüngelben Kabanen im natürlichen Quellwasser schwimmend fühlt man sich nicht nur extrem fame, sondern fast schon kaiserlich königlich.

Öffentliche Anreise: Bahnlinie R97 › Bad Fischau › 7min. zu Fuß
Öffnungszeiten & Eintrittspreise: www.fischauer-thermalbad.at

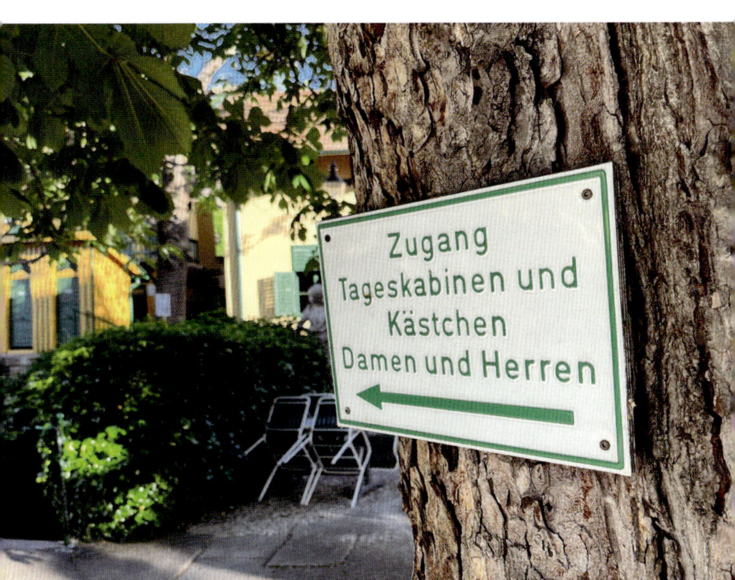

PLACE 26

Kuschelig

Badeteich Oberwaltersdorf

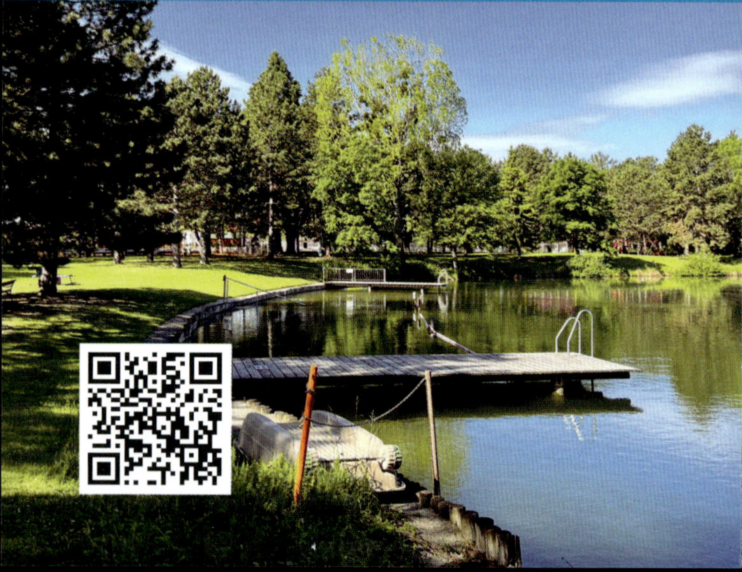

ADRESSE
**2522 Oberwaltersdorf,
Trumauer Straße 53**

BESONDERHEITEN
- Wasser direkt aus der Triesting
- Große Liegewiese, viel Schatten
- Beachvolleyballplatz, Riesenschach

Wie in einen grünen Bilderrahmen aus dicht bewachsener Bewaldung eingebettet, liegt der idyllische Badeteich inmitten einer gut einen halben Hektar großen Parkanlage nur 25km von Wien entfernt. So unscheinbar die kleine 5.000-Seelen-Gemeinde Oberwaltersdorf im Schatten ihrer Bezirkshauptstadt Baden auch sein mag, beherbergt sie dennoch Schätze wie beispielsweise das unter Denkmalschutz gestellte Schloss oder den unter Golfspielern bekannten 18-Loch-Championship-Course-Club Fontana sowie die historische Baumwollspinnfabrik, die 1819 in Betrieb ging, eine wirklich beeindruckende Geschichte erzählt. Ausschlaggebend für die Standortwahl der Spinnerei war unter anderem die geografische Nähe zur Triesting, welche heute nicht nur den Laxenburger Schlossteich speist, sondern außerdem für Frischwasserzufluss und somit für die gute Wasserqualität im Badeteich hier in Oberwaltersdorf verantwortlich ist.

Hier finden sich Stege, die weit ins Wasser reichen, sowie Betonstufen mit Geländer zum sicheren Einstieg ins Wasser und gut markierte Nichtschwimmerbereiche. Das Wasser bekommt maximale Temperaturen um die 24°C, also gerade angenehm, wenn einem in den heißesten Sommermonaten der Sinn nach Abkühlung steht, voilà! Das Ticket kann, so wie es mittlerweile schon an vielen Naturfreibädern möglich ist, ganz einfach am Eingang am Automaten gelöst werden. Kinder bis zum 12. Lebensjahr dürfen das Freibad nur in Begleitung befugter Aufsichtspersonen betreten.

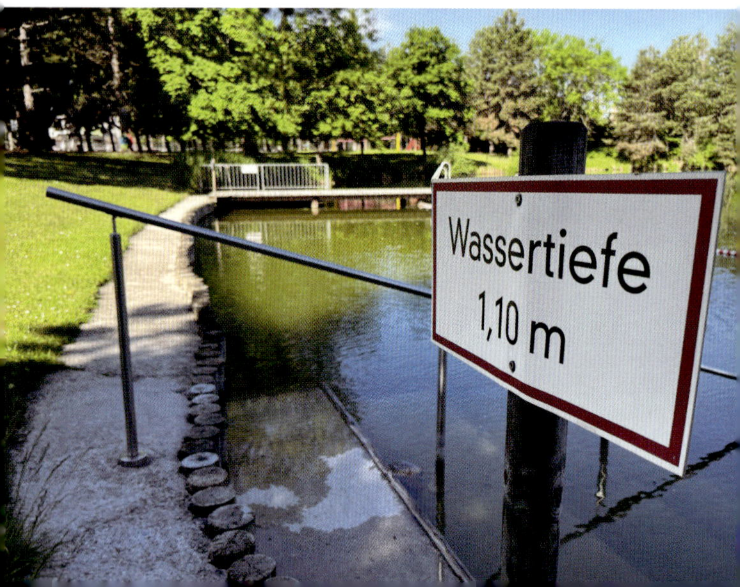

Wer Lust auf ausgesuchte Schmankerl im romantischen Ambiente hat, geht ins Restaurant Wolke 7, gleich neben dem Badeingang. Als Geheimtipp für Radfahrende gilt der Triestingau-Radweg von Schönau an der Triesting bis Schwechat, bei dem man am Badeteich vorbeikommt. Der Radweg verläuft entlang der Strecke des Eurovelo 9A.

Öffentliche Anreise: Bus 302 (Mo-Fr) oder VOR-Sammeltaxi STEINI (Sa+So) direkt zum Badeteich oder je 20min. zu Fuß von Oberwaltersdorf (Bahn R95) oder Trumau Ortsmitte (Bus 210, 302)
Öffnungszeiten & Eintrittspreise: www.oberwaltersdorf.at/Badeteich

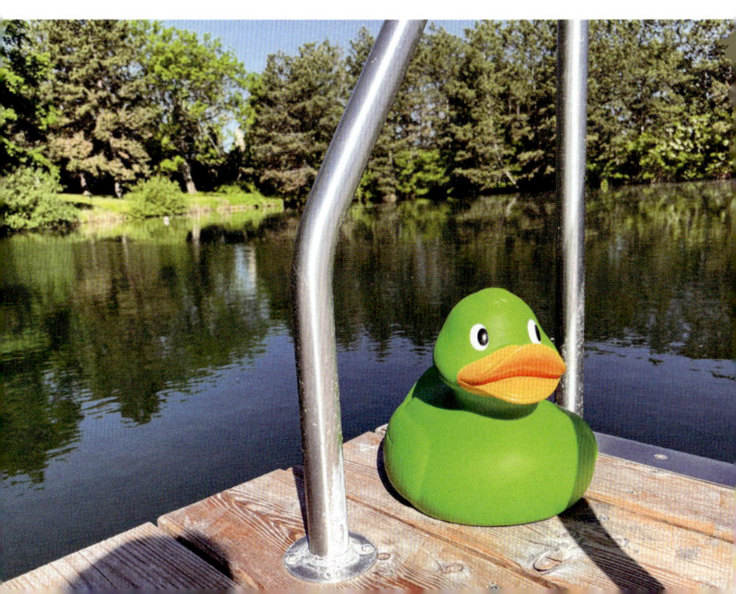

PLACE 27

Zauberhaft

Pionierinsel Klosterneuburg

ADRESSE

3400 Klosterneuburg, Pionierinsel

BESONDERHEITEN

- Weiße Sandstrände
- Romantische Buchten
- Wilde Vegetation

Romantische Buchten, die sich rechts und links entlang des Treppelweges hinter dicht bewachsenem Auwald verbergen, Kieselstrände neben der strömungsreicheren, kalten Donau und weiße Sandstrände, die ins warme, strömungsfreie Gschirrwasser gleiten – was wie die Beschreibung der Kulisse eines unwirklichen Traumes klingt, findet sich unweit von Wien auf der ab der Rollfähre beginnenden Pionierinsel in Klosterneuburg. Über die Magdeburgbrücke in gut 15 bis 20 Minuten Fußmarsch erreichen wir dieses Naturjuwel vor den Toren Wiens. Die Wildbadeplätze hier auf der Insel sind nicht mehr gar so geheim, wie sie einmal waren, sie sind aber auch nicht so überlaufen wie andere Naturbadeplätze und Hunde sind fast überall erlaubt oder immerhin geduldet. Die Insel trennt die Donau vom sogenannten Gschirrwasser, ein zur Donau parallel laufender, künstlich geschaffener Fluss, der bis unterhalb des Strandbades Klosterneuburg die Pionierinsel begleitet und davor oberhalb von Kritzendorf über einen Durchstich aus der Donau abzweigt. Kommt man vom Süden und wandert entlang des Treppelweges, gibt es rechts an der Donauseite und links am Gschirrwasser entlanglaufend Strandabschnitte, flache Uferzonen, liebliche Buchten und wild-romantische Nischen hinter und zwischen dichtem Auwald sowie Böschungen und Aufschüttungen, die durch mehrere Hochwasser entstanden sind. Wer sich entschließt, in der Donau zu baden, gibt besonders acht, denn die Strömung der Donau kann oft etwas wilder sein. Ganz anders drüben auf

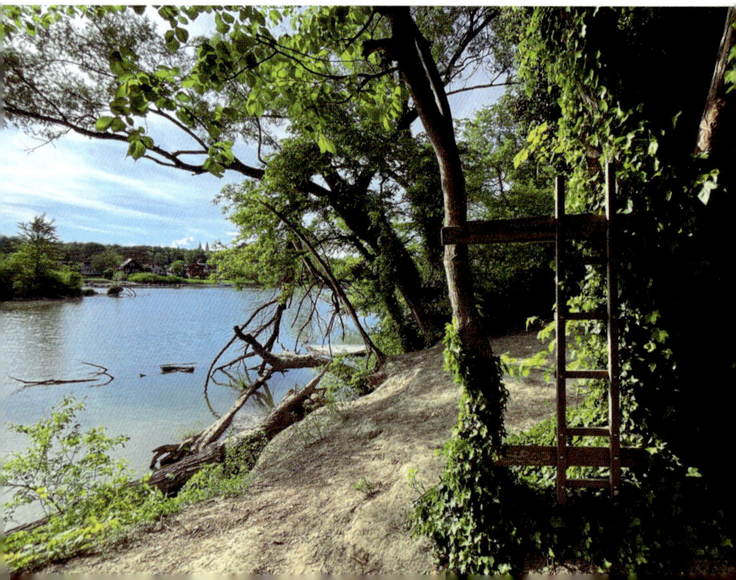

der Gschirrwasser-Seite: hier entdecken wir nicht nur den sehr hellen, fast weißen Sandstrand und ein selbstgebautes Tipi mit Feuerstelle, sondern auch die nur mit dem Boot erreichbare Venus- bzw. Liebesinsel, auf der sich früher die Angehörigen des Kaiserlichen Hofes vom Strandbad aus zu geheimen und vergnüglichen Treffen verabredeten.

Öffentliche Anreise: S40, Regionalbus 400 › Klosterneuburg-Weidling, über die Magdeburgbrücke, ca 10 -15min. zu Fuß;
Anreise mit dem PKW: bis zum Ende der Magdeburggasse, dann über die Brücke gehen; Öffnungszeiten: jederzeit zugänglich; Hunde: siehe Seite 179

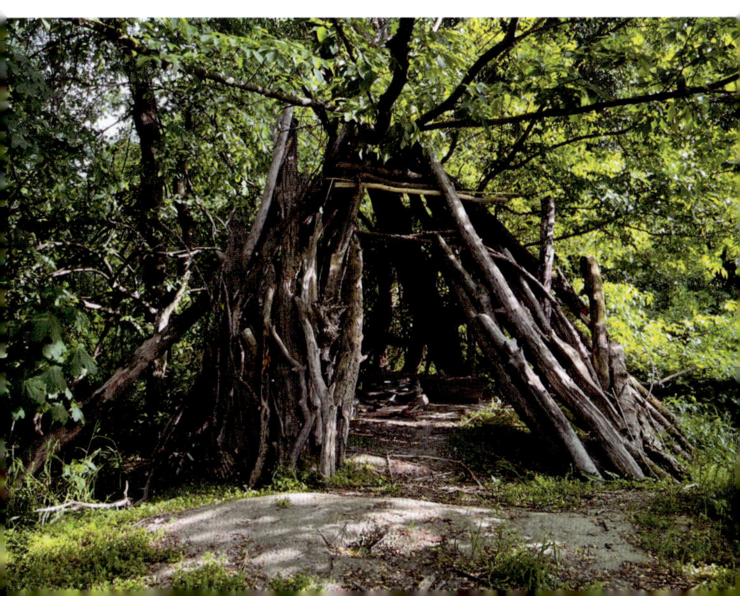

PLACE 28

Jugendlich

Donaualtarm Greifenstein

ADRESSE
3422 St. Andrä-Wördern, Greifenstein-Altenberg

BESONDERHEITEN
- Gute Infrastruktur & Gastroangebot
- Buchten, Insel, Liegewiesen
- Viele Freizeitmöglichkeiten & Party

Einen Katzensprung vom Bahnhof entfernt, erwartet uns hier der flach abfallende Strand mit großzügiger Liegewiese, Spielplatz und Pipapo sowie ein Radweg, der für einen gemütlichen Ausflug und die Anreise von Wien direkt nach Greifenstein führt. Hier auf der Liegewiese unterhalb des Bahnhofs ist der optimale Place, um mit den Kindern eine gemütliche Badezeit zu verbringen. Es gibt Umkleidekabinen, Boots- und Stand-Up-Paddel-Verleih – und wer hungrig ist, bekommt in der Alten Hafenschenke außer einem Schnitzerl mit Kartoffelsalat noch andere leckere Gerichte aus der österreichischen Küche. Um die genossenen Kalorien wieder loszuwerden, schwimmt oder paddelt man dann zur gegenüberliegenden Insel und wieder retour. Das Wasser ist so gut wie strömungsfrei, sehr klar und optimal für Kinder geeignet. Wer mit seinem Vierbeiner hierherkommt, besucht die Plätze außerhalb der abgetrennten Liegewiese. Vor allem im Bereich der Umsetzungsanlage, an der auch die mobilen

Toilettenhäuschen aufgestellt sind, liegt man gerne auf der großen Wiese, wirft Stöckchen ins Wasser und sieht den Wauzis beim Schwimmen, Toben und Apportieren zu. Entlang des Donaualtarmes gibt es unzählige Buchten und Abgänge, die ein closes und gechilltes Verweilen direkt am Wasser erlauben. Die Strände sind flach abfallend, das Wasser ist glasklar und durch die Bäume und Büsche am Ufer des Wassers gibt es jede Menge Schattenplatzerl. Wer gerne nackt ins Wasser hüpft, tut das am besten entlang der Halbinsel, zu der man über die kleine Holzbrücke gelangt oder

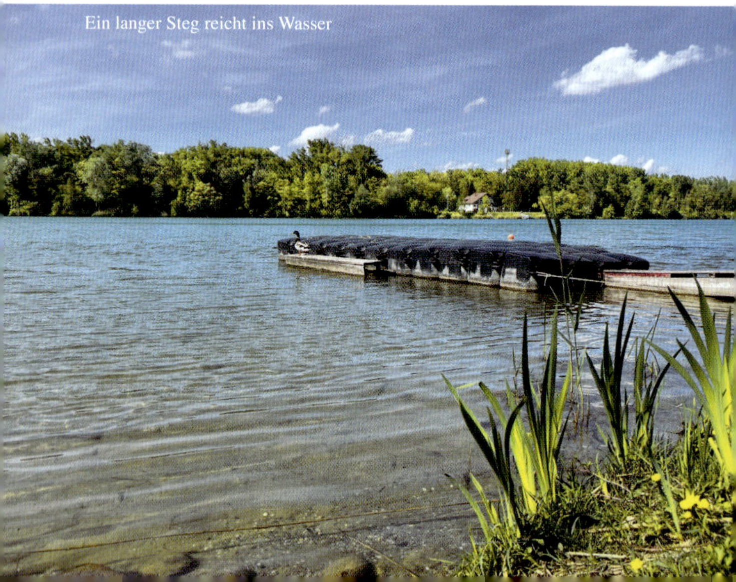
Ein langer Steg reicht ins Wasser

legt sich in die Wiese nahe des ehemaligen Ausflugsgasthauses Jarosch am Linken Donauufer 1. Für Abwechslung sorgen die Imbisshütten vorne bei der Villacher Hütte, der African Queen oder bei Friedel Gastro. Insbesonders letzterer bemüht sich an Wochenenden mit Live-Konzerten oder DJs, um zwischen Burg und Donauschleuse für gute Laune und Partystimmung an den mittlerweile schon legendären Donau-Sunset-Sessions oder Altarm-Jams zu sorgen.

Öffentliche Anreise: S40 › Greifenstein-Altenberg
Öffnungszeiten: Zugang jederzeit möglich; Hunde fast überall erlaubt!

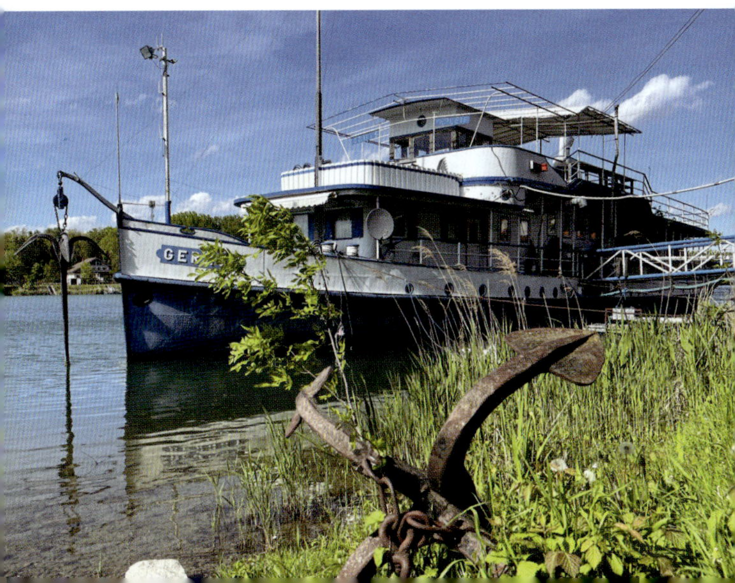

PLACE 29

Legendär

Strombad Kritzendorf

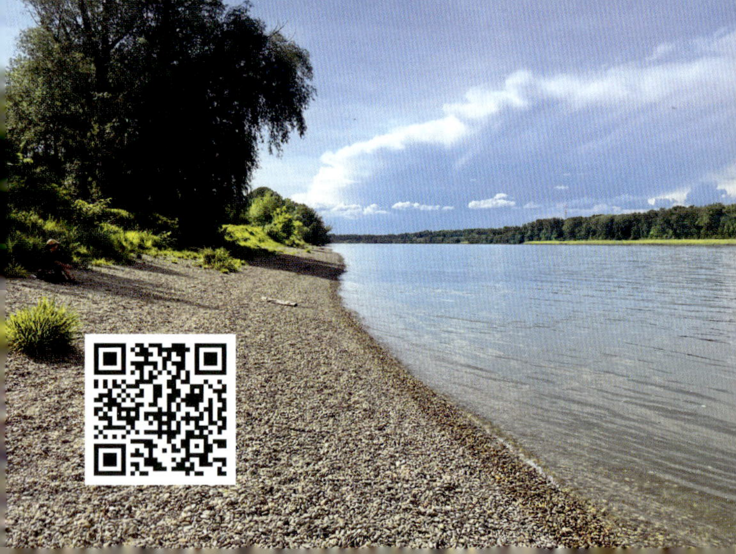

ADRESSE
**3420 Klosterneuburg,
Strombad Rondeau 30**

BESONDERHEITEN
- Weitläufiger Strand
- Exzellente Küche in den Lokalen
- Mit Radausflug gut kombinierbar

Nur 12km von Wien entfernt und sogar mit einem Fahrrad-Ausflug kombinierbar, bei dem man von Wien nach Kritzdendorf radelt (ab Wien auf dem Donauradweg EV6 nach Kritzendorf und von dort unmittelbar nach dem Bahnhof rechts in die Badstraße abbiegen), gelangen wir an den sogenannten »Lido di Crido«, ein Naturbadeparadies am rechten Donauufer, das schon längst kein Geheimtipp mehr ist, aber immer noch Kultstatus genießt. Es war eines der ersten Freibäder Österreichs, einst ein Ort der Reichen und Schönen, einer der beliebtesten Sommerfrische-Orte der Wiener Upperclass in der Zwischenkriegszeit und später vorübergehend im eingemeindeten 26. »Groß-Wiener« Gemeindebezirk gelegen. Namhafte Künstler und Architekten wie Adolf Loos und Friedrich Torberg prägten das Bild und den Ruf des Strombades genauso wie die Wiener Symphoniker und Strophen aus dem Fundus des Kabarettisten Hermann Leopoldi: »Komm mit nach Kritzendorf, wo jeder mit mir schwitzen dorf«. Das Publikum besteht vorwiegend aus von Wien angereisten und ortsansässigen Familien mit Kindern und Pärchen, Ausflüglern sowie Menschen, die eine der begehrten Kabanen gemietet haben und ihre Sommer hier verbringen. Es gibt Uferbereiche mit Sand, Kies und Wiese, die zumeist flach abfallend ins je nach Pegelstand der Donau mehr oder weniger stark strömende Donauwasser führen. Die teils von Überschwemmungen freigelegten dicken Wurzeln der Bäume an den Böschungen geben der Landschaft einen ursprünglichen

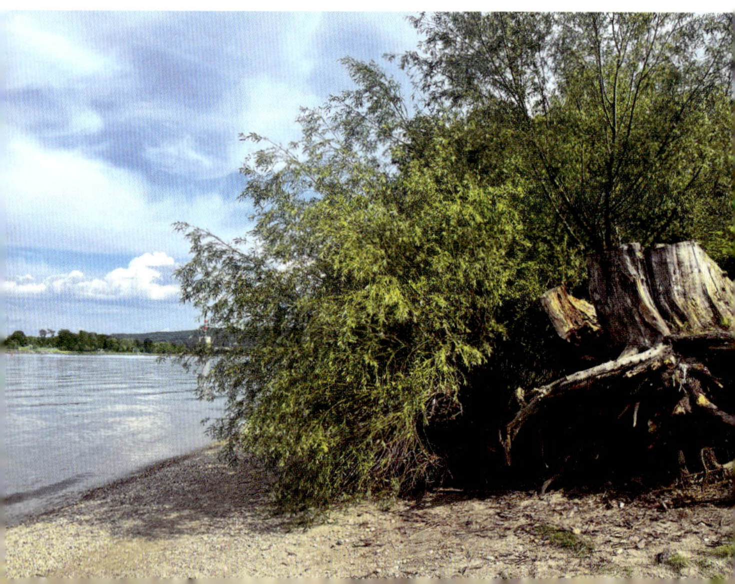

und sehr wilden Charakter, bieten aber viele schöne Schattenplätze, um das Handtuch in ihrer Nähe auszubreiten oder nasse Badekleidung darauf zu trocknen. Die vorüberziehenden Schiffe und Schlepper bringen Unruhe ins Wasser und man achtet auf die eigene Sicherheit und das der zu betreuenden Kinder. Stromauf- oder -abwärts dürfen auch Hunde ins Wasser. Gegen den Hunger hilft ein Abstecher im »Donau Grill-Restaurant« oder in der »Fischerin«.

Öffentliche Anreise: S40 › Kritzendorf, ca. 10min. Gehzeit
Öffnungszeiten: Zugang jederzeit möglich, Hunde im Strombad verboten!

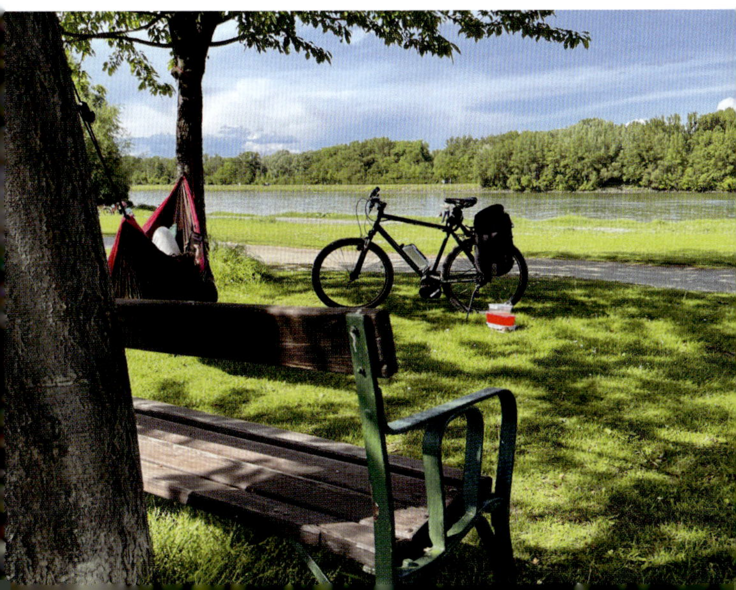

PLACE 30

Entzückend

Windradlteich

ADRESSE
2353 Guntramsdorf, Danfoss-Str. 7

BESONDERHEITEN
- Familiäre Atmosphäre
- Spielplatz mit Rutsche
- Hübsche Teichanlage
- Gut erreichbar

Der Asphalt glüht, die Stadt schwitzt, die Hundstage sind unerträglich. Wer an den hottesten Sommertagen raus aus der sengenden Hitze der Stadt und den eigenen vier Wänden will, entflieht am besten hierher und wird nach kurzer Anreise mit türkisgrünem Wasser, schattenwerfenden Bäumen, unter denen es sich herrlich entspannen und durchatmen lässt, und familiärer Atmosphäre belohnt. Der Windradlteich beschreibt neben dem Ozean-Badeteich, beide südlich von Wien angesiedelt, den kleineren der beiden künstlich angelegten Badeteiche in Guntramsdorf. Wie viele andere Teiche in der Gegend war auch der Windradlteich ursprünglich aus einer Tegel-Abbaugrube für die Ziegelgewinnung des Wiener Ringstraßen-Baus entstanden. Seinen Namen erhielt er wegen des mächtiges Windrades, das als Pumpwerk in die Grube gestellt wurde, um das immer wieder einfließende Grundwasser abzupumpen. In den 60er-Jahren wurden Lehmabbau unrentabel und Ziegelwerke stillgelegt, geblieben sind stille »Zeitzeugen« – beliebte Naherholungsorte, teils hinter Böschungen versteckt und nicht jedem bekannt, Kleinode direkt an der B17 gelegen, verkehrstechnisch gut angebunden und auch für Badegäste, die öffentlich mit Badner Bahn und kurzem Fußweg anreisen, relativ einfach erreichbar. Wassermänner und Nixen sind begeistert vom abgegrenzten Nichtschwimmerbereich, den flachen Einstiegsstellen ins Wasser, vom Kinderspielplatz, den großzügige Liegeflächen auf der Wiese und dem vielen Schilf. Die beiden Holzstege, die weit ins Wasser hinausragen,

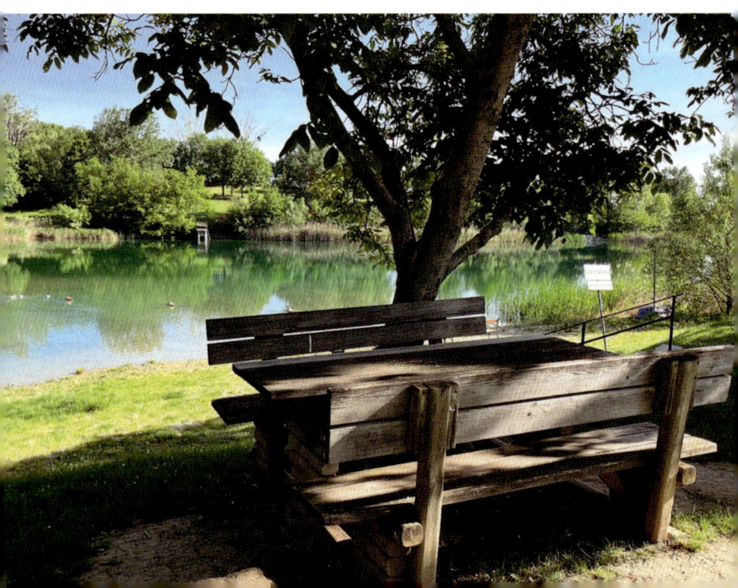

eignen sich hervorragend dazu, um mit ein bisschen Anlauf perfekte Köpfler abzuliefern. Das ist zwar eigentlich nicht erlaubt, hält die Jugend aber auch nicht davon ab, wenn gerade niemand hinsieht. Die Stimmung darf als familiär und gemütlich bezeichnet werden. Für Kinder und Jugendliche bis inklusive 15 Jahre ist der Eintritt frei. Erst mit Vollendung des 16. Lebensjahres darf die Anlage ohne erwachsene Begleitperson betreten werden.

Öffentliche Anreise: Badner Bahn › Neu Guntramsdorf, 15min. zu Fuß
Öffnungszeiten & Eintrittspreise: siehe www.guntramsdorf.at; Hundeverbot!

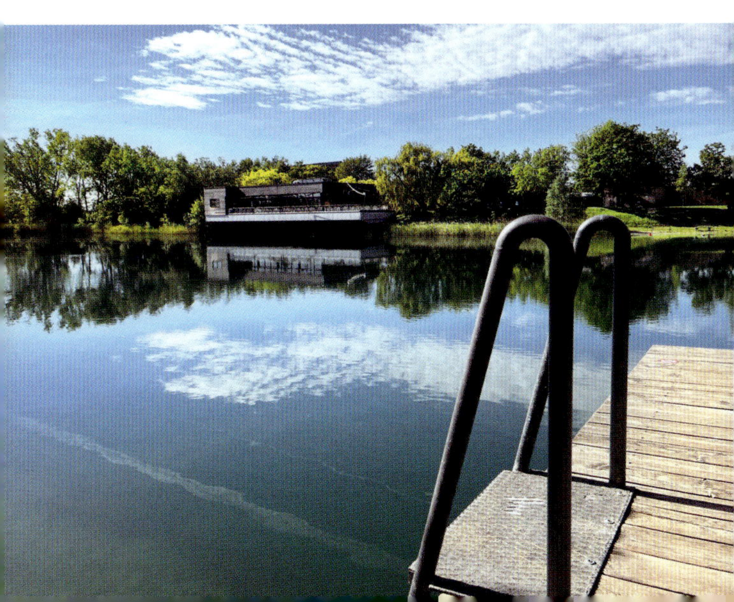

PLACE 31

Geheimnisvoll

Figurteich

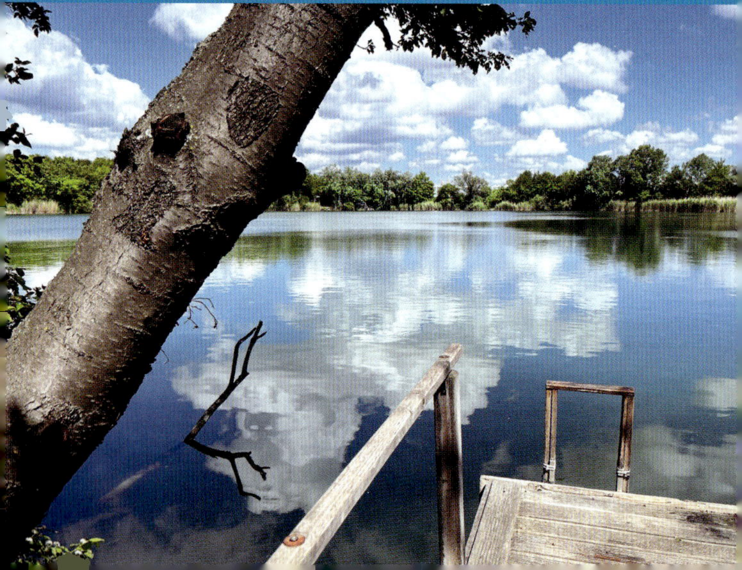

ADRESSE
Geheim

BESONDERHEITEN
- Baden ausdrücklich verboten!
- Seelische Erbauung erlaubt
- Von FKK wird gemunkelt
- Schützenswertes Naturdenkmal

Ein geheimer Teich, an dem das Baden verboten ist? Nur schauen, aber nicht schwimmen? Wir spitzen die Ohren und machen uns auf den Weg, um ihn zu erkunden. Der angeblich unter Liebhabern der Freikörperkultur geschätzte Figurteich bzw. Brown-Boveri-Teich, wie er auch genannt wird, versteckt sich mitten im Industriegebiet südlich von Wien. Was wir finden, kann sich sehen und gleichwertig Schönes an einer Hand abzählen lassen. Wir starten am kleinen Waldweg hinter einem Industriegebäude und tauchen in eine andere Welt ein, bei der es sich, wie wir auf der großen Tafel am »Eingang« erfahren, um ein Naturdenkmal handelt. Baden verboten, Schilfzonen-Betreten verboten, Mit-Booten-Herumfahren sowieso verboten, Feuermachen, Gebiet-mit-Fahrzeugen-Befahren auch verboten. Achtsam sein, kein Lärm, kein Radau. Erwünscht: die Freude und seelische Erbauung an der Vielfalt der Natur. So steht es auf der Tafel. OK, dann lasst uns den Teich mal erkunden und niemanden dabei stören. Entlang des schmalen Pfades, der rund um den Teich führt, finden sich kleinere und größere Buchten, Uferzonen, sandige, matschige, steinige Stellen und obwohl hier das Baden verboten ist, Stege und irgendwo Steinplatten, die wie achtlos hingeworfene Stufen ins Wasser führen. Arrangiert, als hätte hier jemand aufs Gesetz gepfiffen. Wir setzen uns und lassen das Paradies auf uns wirken und genießen die Stille. Im Wasser tummeln sich riesige Karpfen und am Ufer schlängelt sich eine Natter Richtung Gebüsch während auf der Wiese eine nackte »Nymphe« schlafend

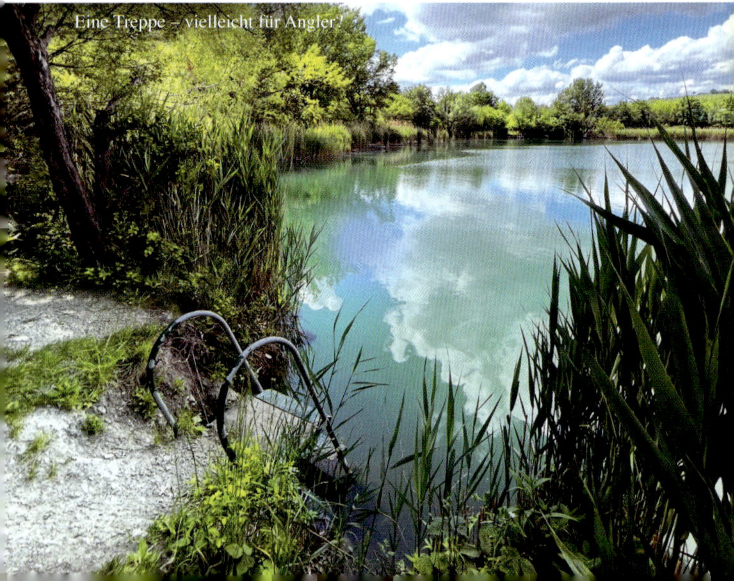

Eine Treppe – vielleicht für Angler?

im Gras liegt. Wir tun so, als hätten wir sie nicht gesehen. Am Retourweg dann, entdecken wir in einer Nische direkt am Wasser ein Tischchen und eine Bank, dahinter ein selbstgebasteltes Tipi und einen Mann, der wie auf einer kleinen Terrasse hier sitzt und Zeitung liest. Wir erfahren, dass er oft hierherkommt und dieses Platzerl in der Coronazeit entstanden ist, als man sonst nirgends hindurfte. »Der Teich ist für alle da«, meint er, »aber die Angler wollen halt ihre Ruhe«.

Öffentliche Anreise: wird nicht verraten :-)
Zugang jederzeit unter Einhaltung der Bestimmungen laut Tafeln möglich.

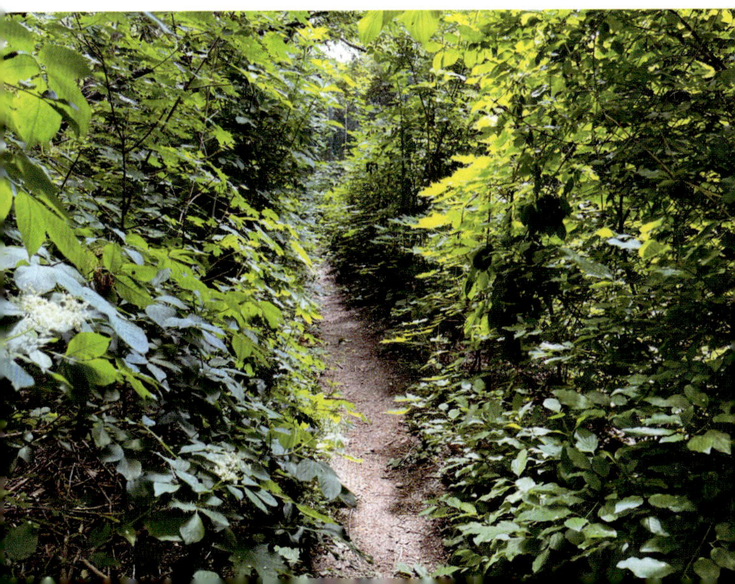

PLACE 32

Malerisch

Naturseen Traismauer

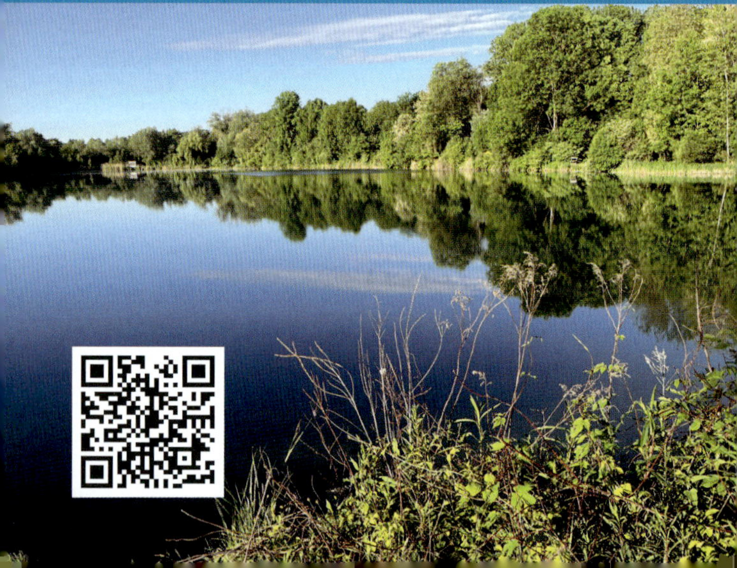

ADRESSE

3133 Traismauer, In der Traisenau

BESONDERHEITEN

- Gepflegte Liegewiesen
- Idyllische Naturbadeseen
- Jederzeit zugänglich & kostenlos
- Mehrere Imbissbuden vor Ort

An einer Seite vom Auwald umspielt, befinden sich die drei im ehemaligen Mündungsgebiet der Traisen entstandenen Naturbadeseen etwas außerhalb von Traismauer, im Ortsteil Stollhofen, um genau zu sein. Nachdem die Traisen beim Bau des Kraftwerks Altenwörth nach Zwentendorf umgeleitet wurde, mündet sie heute hinter dem Kraftwerk in die Donau. Zwei der drei Naturjuwele sind jederzeit öffentlich zugänglich und kostenlos nutzbar. Sie sind unterschiedlich temperiert und umfassen insgesamt eine Fläche von 60.000m^2, was schon eine ordentliche Größe ausmacht. Das Gelände ist gemalt in türkisen und grünen Farbklexen sowie ein paar wenigen Kontrastpunkten wie z.B. die am Gelände verteilten roten Rettungsringe. Es gibt weitläufige Wiesen mit ausreichend Schatten sowie die vielen Uferzonen mit durchaus flachen Wasserzugängen, weit ins Wasser greifende Stege und neben der belebten Seeseite mit zwei Imbissbuden und einem Restaurant sowie Spielplätzen, Sanitäreinrichtungen und Pipapo gibt es auch noch die wilde ungebändigte Seite, an der das Wasser den Auwald zu küssen scheint. Wer lieber für sich ist, wandert über den Weg, der die ersten beiden Seen voneinander trennt, zur Minibrücke, unter der das Wasser vom einen in den anderen See plätschert und schlüpft über einen schmalen Pfad hinein in den struppigen Auwald mit seinen kuscheligen Buchten. Und spätestens hier wird uns klar: es gibt sie noch, die unberührten Orte, die es sich, so rar sie auch sein mögen, zu finden lohnt. Im Schneidersitz am Wasser zu sitzen und

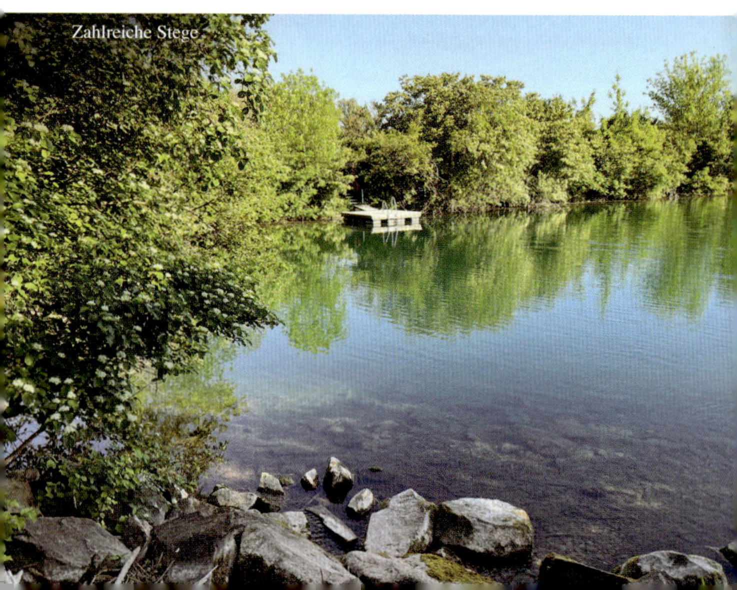
Zahlreiche Stege

über das Leben, sich selbst oder einfach über rein gar nichts nachzudenken, was gibt es Schöneres? Wer genug von der Selbstfindung hat, holt sich von drüben in der Aprico-Beachbar einen Hollerspritzer oder legt sich ein Stündchen in die Hängematte.

Öffentliche Anreise: S40 › Traismauer, dann 30min. zu Fuß via Ort und Treppelweg; Anreise mit dem Fahrrad: Infos unter www.traisentalradweg.at; Anreise mit dem PKW: jeweils Parkplätze unweit von Gülers Kebap-Hütte, Beachbar & Restaurant Aprico, Ararat Badetreff; Öffnungszeiten: Zugang jederzeit möglich; Hunde in der Nebensaison an der Leine erlaubt!

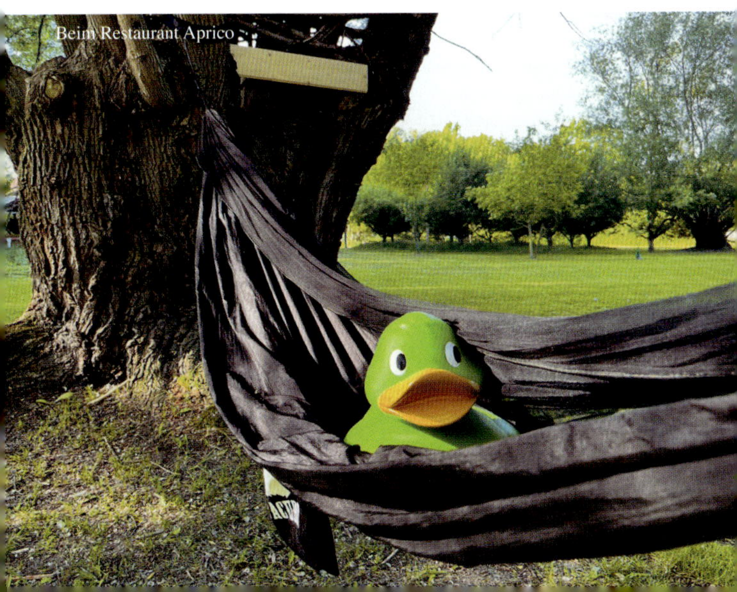

Beim Restaurant Aprico

PLACE 33

Elegant

Gerasdorfer Badeteich

ADRESSE
2201 Gerasdorf bei Wien, Teichgasse

BESONDERHEITEN
- Flach abfallende Strände (Sand, Kiesel)
- Ziesel auf der Wiese
- Sicht bis auf den Grund

Im Norden Wiens gelegen bildet Gerasdorf gemeinsam mit Süßenbrunn und Stammersdorf einen Teil der Grünverbindung vom Bisamberg über den Norbert-Scheed-Wald bis zum Nationalpark Donau-Auen. Der Regionalpark »Drei-Anger« ist ein grenzenübergreifendes Projekt und soll Wien und Niederösterreich für die nachfolgenden Generationen verbinden, indem unter anderem hochwertige regionale Lebensmittel flächenübergreifend angebaut werden sowie Wander- und Radnetze, also Möglichkeiten zur Freizeitgestaltung, Erholung und Abkühlung geschaffen wurden. Direkt an Fahrradrouten wie dem Marchfeldkanal-Radweg und dem Erlebnisradweg »Dampfross und Drahtesel«, einem Teilstück der internationalen Radfernroute EV9 sowie an diversen Wanderrouten gelegen, lässt sich ein Badetag hierher optimal mit zusätzlichen Aktivitäten kombinieren. Der Gerasdorfer ist neben dem Süßenbrunner (S38) einer der beiden Regionalpark-Badeteiche, in deren Ausbau in den letzten Jahren ordentlich investiert wurde. Das Ergebnis kann sich sehen lassen. Genial sind die langen und sehr flach ins Wasser abfallenden Sand- und Kieselstrände, die für alt und jung gleichermaßen einen einfachen Einstieg ins ca. 26°C temperierte Wasser ermöglichen sowie die großzügigen Steganlagen und breiten Stiegen mit den praktischen Haltestangen. Weitläufige Liegewiesen präsentieren Großzügigkeit, was sich an heißen Sommerwochenenden besonders bezahlt macht. Denn wenn richtig viel los ist, bleibt es trotzdem gemütlich. Es gibt eine Kantine mit den köstlichsten

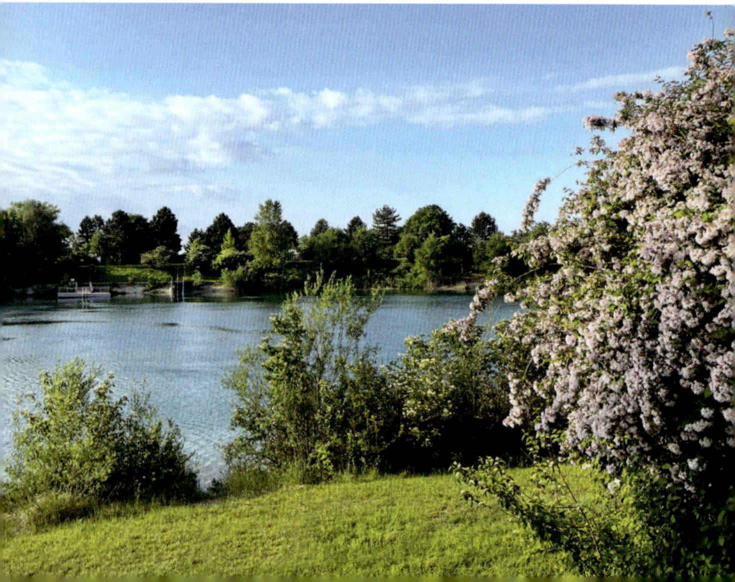

Schnitzelsemmerln von da bis weit übers Regionalpark-Gebiet hinaus sowie vielen anderen Schmankerln und auch sonst alles, was das Herz begehrt – inklusive guter Stimmung. Das sehen die hier lebenden Ziesel auch so, denn sie fühlen sich pudelwohl und derart sicher, dass sie sogar vor der einen oder anderen Badetasche mit Jause drin nicht Halt machen. Füttern allerdings verboten, streicheln erwünscht!

Öffentliche Anreise: 510 (ab U1/S-Bahn Leopoldau) › Gerasdorf Florianiplatz (Kernzone Wien) › 10min. zu Fuß; Öffnungszeiten & Eintrittspreise: www.gerasdorf-wien.gv.at/badeteich; Hunde verboten!

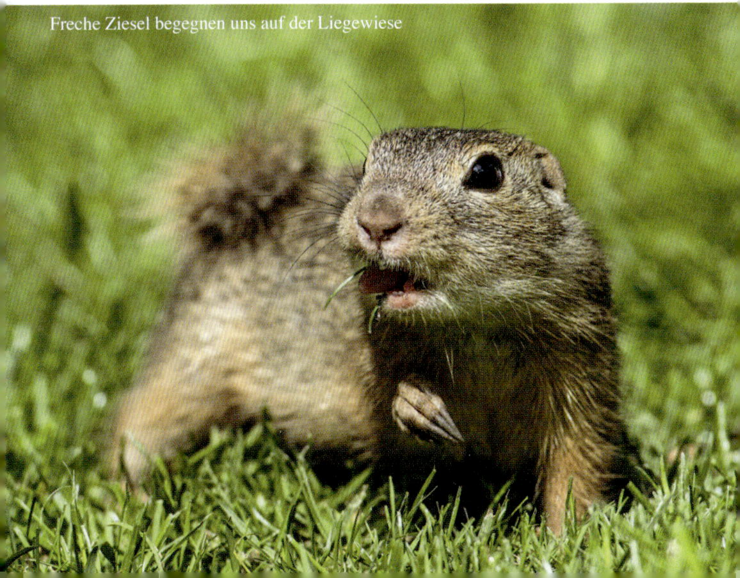
Freche Ziesel begegnen uns auf der Liegewiese

PLACE 34

Harmonisch

Seeschlacht Langenzersdorf

ADRESSE
2103 Langenzersdorf, Alleestraße 85

BESONDERHEITEN
- Schwimminsel
- Ballspiel- und Fitnesseinrichtungen
- Beachrestaurant mit großer Lounge

Erst 1982 wurde das ursprünglich aus der Zeit der Donauregulierung stammende Gewässer, das man lange als Schottergrube verwendete, zum Erholungsgebiet, wie wir es heute vorfinden. Dass der Name »Seeschlacht« nichts mit kriegerischen Dingen, sondern vielmehr mit den eingeschlagenen oder wie man früher sagte, einge*schlachteten* Holzpflöcken zur Befestigung des ehemaligen Donauufers an der Außenseite einer Flussbiegung – also mit flussbauerischen Maßnahmen – zu tun hat, weiß heute kaum noch jemand. Dafür konnte sich der Naturbadeteich besonders unter Familien mit Kleinkindern aber auch Jugendlichen etablieren. Und das nicht ohne Grund, denn es erwarten uns im 22 Hektar großen Parkareal neben dem wirklich bezaubernd arrangierten Naturbadegewässer auch noch umfangreiche Spiel- und Spaßeinrichtungen. Hier gibt es etwas abseits den Fußball- und Streetsoccerplatz, eine Stockschießbahn, den Beachvolleyball-Platz, Free-Gym-Outdoor-Fitness-Geräte sowie zentraler gelegen einen Eltern-Kind-Bereich inklusive Spielplatz und rundherum große weitläufige Liegeflächen mit viel Schatten unter den Bäumen. Wer mag, dreht mit dem Stand-Up-Paddel eine Runde im See, erkundet dabei die Schwimminsel oder baut Kondition für eine größere Paddel-Tour in den March-Thaya-Auen auf. Das Wasser ist leicht schlammig am Grund und nicht ganz klar, aber dennoch von guter Qualität. Erwachsene lösen ein Tagesticket um 6 Euro (Stand Juli 2024), ab 13:00 Uhr kostet's weniger. Für Kinder ist der Eintritt bis zum vollendeten 17. Lebens-

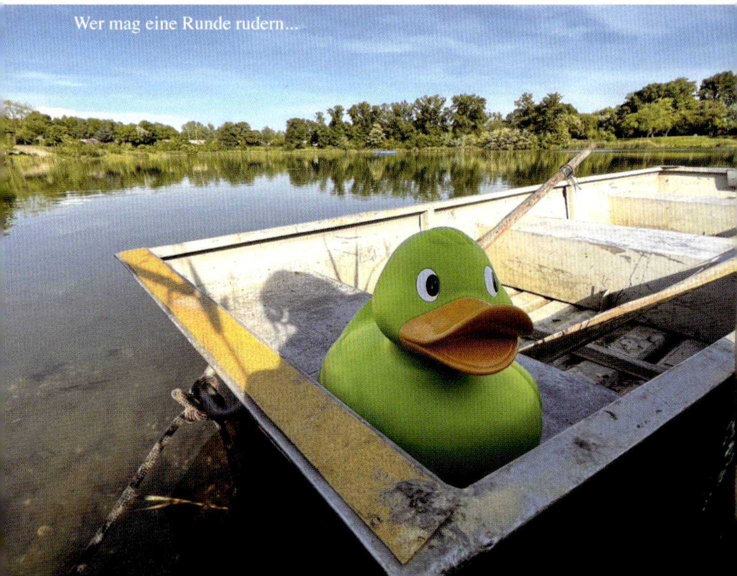

Wer mag eine Runde rudern...

jahr frei und ab 17:00 zahlt sowieso keiner mehr. Öffentlich ist die Seeschlacht nicht ganz so easy, dafür mit dem Rad gut erreichbar: Wir fahren bis ans Ende der Donauinsel auf dem Donauinselradweg, biegen rechts ab, dann unter der Autobahn A22 durch und nehmen danach den Radweg die Alleestraße entlang, den grünen Seeschlacht-Tafeln bis ans Ziel folgend. Alternativ geht's über den Marchfeldkanalradweg, an der Abzweigung direkt zur Seeschlacht.

Öffentliche Anreise: S3, S4 › Langenzersdorf › 15-20min. zu Fuß
Öffnungszeiten: 1. Mai - 15. September von 09:00 bis 17:00
kostenpflichtig, sonst frei; Hunde verboten!

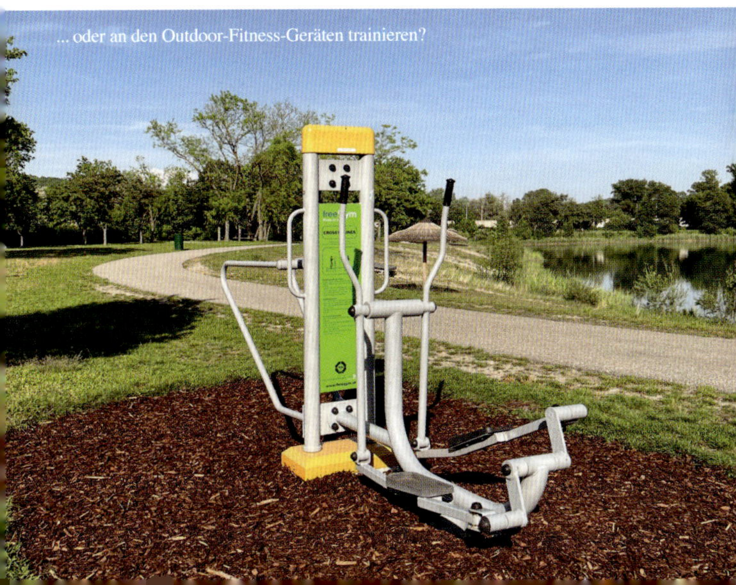

... oder an den Outdoor-Fitness-Geräten trainieren?

PLACE 35

Vielfältig

Tullner Aubad

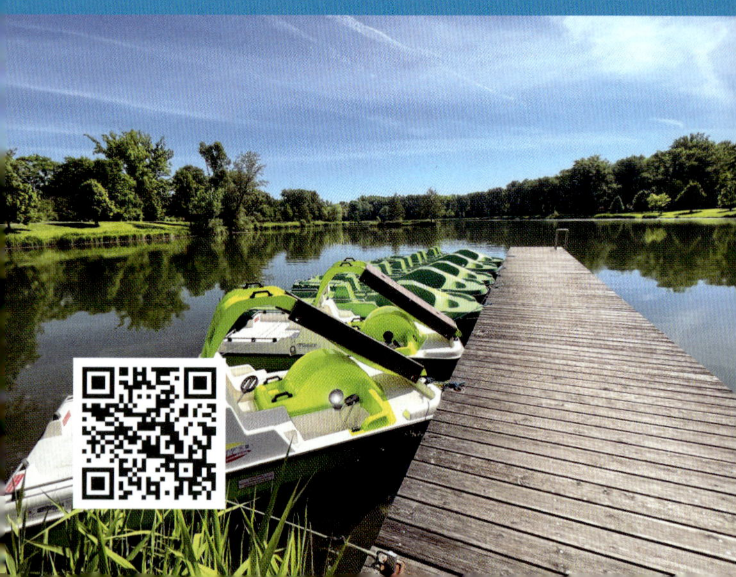

ADRESSE
3430 Tulln an der Donau, Donauländе 78

BESONDERHEITEN
- Wasserrutschen und Sportangebote
- Spielplatz direkt am Wasser
- Grillplätze zum Mieten

Mit dem Geruch von Sonnenschutzcreme in der Nase und Kinderlachen im Ohr wandern wir durch einen der Kassenbereiche des Erholungsparks, der den 5 Hektar großen Naturbadesee umgibt. Ende der 80er-Jahre wurde im Zuge des Ausbaus des Donau-Hochwasserschutzes zwischen dem rechten Donauufer und der Kleinen Tulln das Aubad künstlich angelegt und ein riesiges direkt an den wilden Auwald angrenzendes Freizeitgelände eröffnet. Außerhalb der Badesaison kann man das Areal kostenlos betreten, zwischen Mai und September findet Badebetrieb statt. Hier wird nicht nur im See geschwommen, sondern auch gesportelt – außerhalb, rund um den See und im Wasser. Es wird Fußball und Volleyball gespielt, im Sand gegatscht, im flachen Wasser geplanscht, Stand-up-gepaddelt und Tretboot gefahren, über Wasserrutschen gerutscht und auf einem überdimensionierten Wasser-Schwimmtier gekraxelt oder zur Insel hinüber geschwommen sowie in der Wiese gelegen und ein Schläfchen gehalten. Jemand grillt an einer der mietbaren Grillstationen östlich des Parks köstliche Käsekrainer und unter einer der alten Pappeln, auf der Picknickdecke im Schatten sitzend, wird aus dem Tuppergschirrdl mitgebrachter Nudelsalat schnabuliert. Man würde meinen, es wäre hier ganz furchtbar laut und unangenehm eng auf der Wiese, aber das Gegenteil ist der Fall: ein sich in die Ferne verlaufendes leises Schnurren und Plätschern zwischen Vogelgezwitscher und Blätterrauschen mit immer genügend Privatsphäre zwischen uns und den anderen ist die

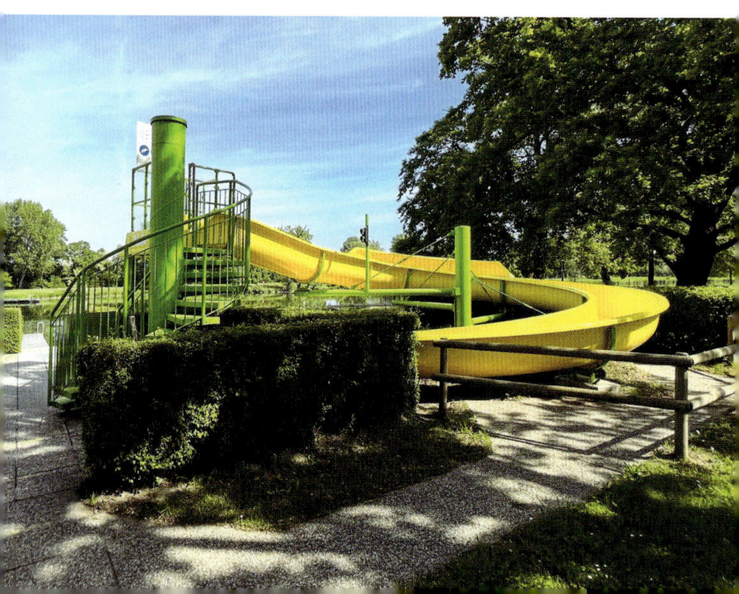

Realität. Wiesenbereiche und Schilfzonen spiegeln sich harmonisch im Wasser und der Auwald erfüllt gerne seine kühlende Aufgabe. Wir machen einen Abstecher zum Kinderspielplatz hinüber, der nahtlos ins Wasser übergeht. Der Erlebnisspielbach ein Stückerl oberhalb ist Teil des Sandstrandes und gleichzeitig Gatschzone für die Kleinsten. Snacks und Getränke gibts im Restaurant »Guter Burger«.

Öffentliche Anreise: REX4, REX41, S40 › Tulln › 15min. zu Fuß (oder E-Shuttle LISA.Tulln), Öffnungszeiten: www.tulln.at/erleben; Hunde ganzjährig verboten!

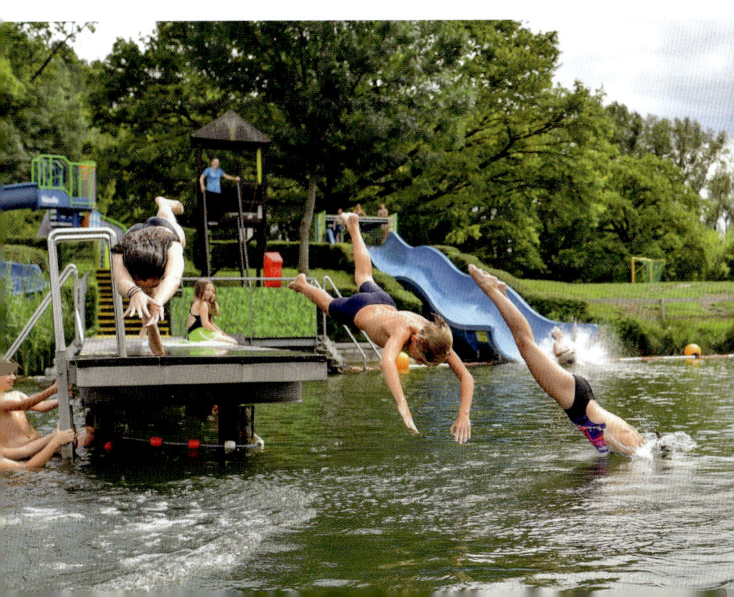

PLACE 36

Ursprünglich

Badesee Dürnrohr

ADRESSE
3435 Zwentendorf,
Dürnrohrer Hauptstraße

BESONDERHEITEN
- Wild-romantischer Geheimtipp
- Flach abfallende Sandbuchten
- Thai-Food im »Seeblick«-Imbiss

Die kleine Gemeinde im südlichen Schatten Zwentendorfs kennt man vielleicht durch das Kohlekraftwerk, welches bis August 2019 in Betrieb war und dessen Kamin als das höchste Bauwerk Niederösterreichs von weitem erkennbar ist. Aber ein Baggersee in Dürnrohr? Noch nie davon gehört? Wir auch nicht. Was auf den ersten Blick nicht wahnsinnig sensationell und aufregend wirkt, fasziniert auf den zweiten dafür umso mehr. Gleich beim Betreten des Seegeländes fällt uns die große Tafel mit einer Litanei an Verboten auf, die vom Nacktbadeverbot über ein Surfverbot, ein Feuermachverbot bis hin zum Hundemitnehmverbot reichen. Nicht sehr einladend, kommt es uns in den Sinn. Doch dann lassen wir den Blick nach links Richtung See schweifen und sind restlos begeistert. Wie ein zu groß geratener Farbbatzen liegt sie vor uns und will bewundert werden, die türkisblaue, nie enden wollende Wasserfläche. Eingebettet in den schützenden Waldstreifen, der den Teich von allen Seiten umarmt, erkennen wir im gerade an den Uferstellen fast durchsichtigen Wasser den sandigen Grund. Wir wollen natürlich gleich eine Runde schwimmen, doch die Neugier treibt uns ein Stückerl weiter und wir entdecken neben der liebevoll dekorierten Imbisshütte »Seeblick«, wo gerade jemand in einer riesigen Pfanne ein Original Thai Curry kocht, weiter vorne das bunt lackierte Klohäusel und immer wieder Sitzgelegenheiten und Liegeflächen wie die geschwungenen Holzliegen, die uns geradezu anlächeln. Noch weiter vorne kommen wir an einen zweiten Teich, an dem zwar nicht

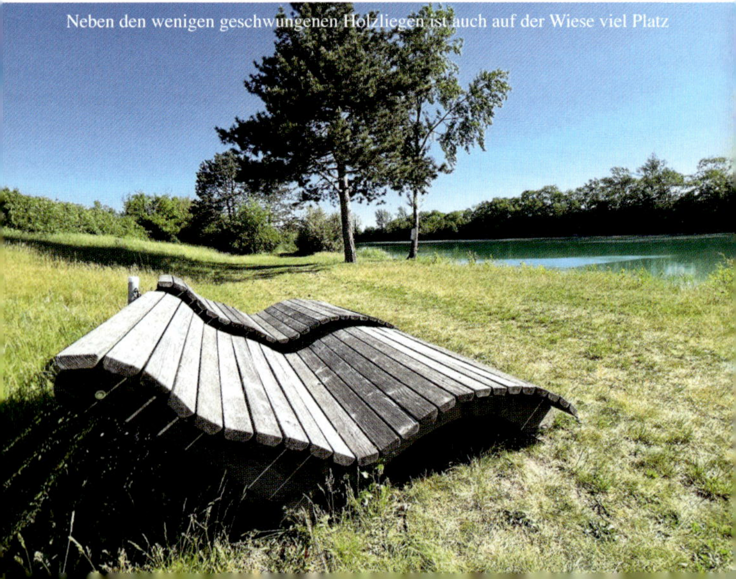
Neben den wenigen geschwungenen Holzliegen ist auch auf der Wiese viel Platz

gebadet werden darf, der dafür aber als Landschaftsschutzgebiet und Fischbiotop einen wichtigen Lebensraum für allerlei Gewächs und Getier ermöglicht. Je weiter wir dem ausgetretenen Pfad folgen, desto wilder wird die Landschaft. Es quakt, es zwiept, es schnattert und gurrt vor uns, hinter uns und von überall her. Aus dem Wasser springen insektenfangende Fische in die Luft und wir drehen um und suchen uns ein schattiges Platzerl auf der Wiese am Badeteich.

Öffentliche Anreise: 444 › Zwentendorf Hauptplatz › 15min. zu Fuß (teils ohne Gehsteig); Zugang jederzeit frei zugänglich; Hunde verboten!

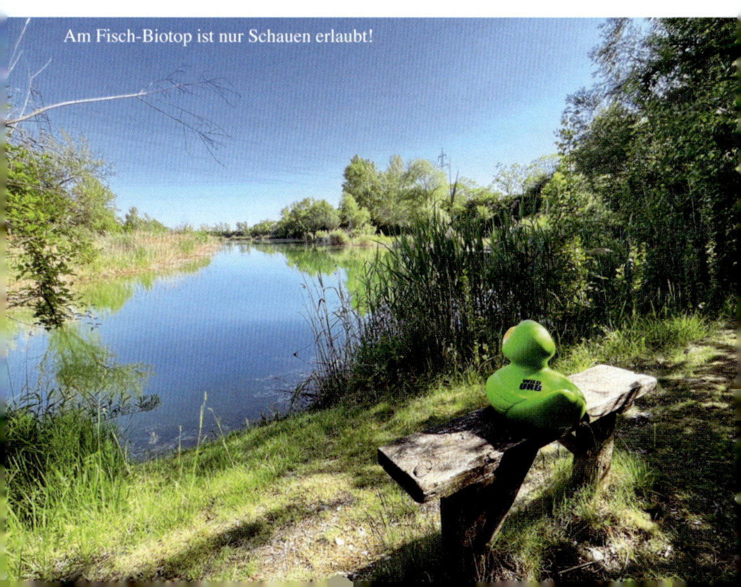
Am Fisch-Biotop ist nur Schauen erlaubt!

PLACE 37

Unberührt

Orther Inseln

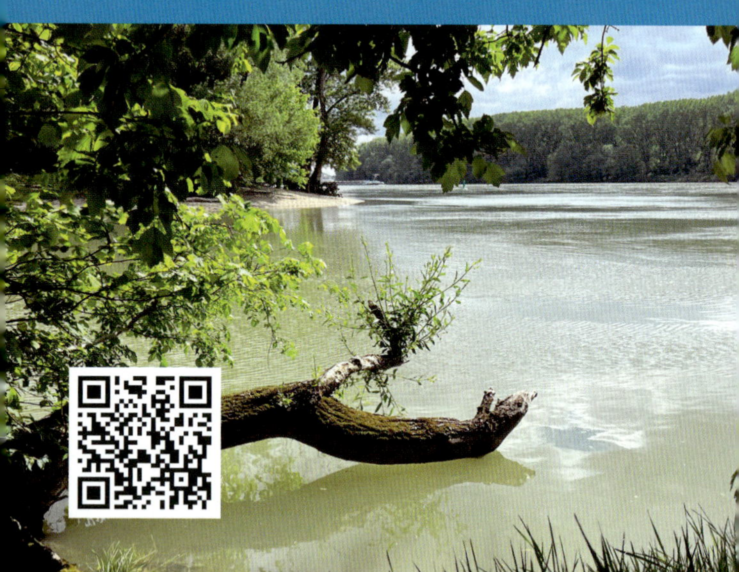

ADRESSE
2304 Orth an der Donau, Uferstraße 20, Humer's Uferhaus

BESONDERHEITEN
- Kiesel- und Sandstrände mit Muscheln
- Wilde Aulandschaft, Schattenplatzerl
- Idyllische Buchten, kuschelige Zonen

Zwischen die Kiesel haben sich kleine Muscheln gemischt, die unter unseren Flipflops knirschen und kneift man die Augen ein klein wenig zusammen und lässt der Fantasie freien Lauf, sind wir nicht in Orth an der Donau, sondern an finnischen Fjorden sehr viel weiter weg als im Marchfeld gelandet. Wir starten an Humer's Uferhaus und wandern nicht rechts, um an den entzückenden Spielplatz zu gelangen, sondern links vorbei am Bootsanlegeplatz, an der Einstiegsstelle der Fähre nach Haslau (tägl. von April bis Oktober mit Fußweg zur S-Bahn S7) und dem schwimmenden Café Struden. Die Abschnitte entlang des Nationalparks und in der Wachau sind übrigens die letzten freien Fließstrecken der Donau in Österreich. Dem idyllischen Weg den Auwald entlang folgen wir gute 800m geradeaus, bis wir rechts immer wieder über Sandbuchten, schmale ausgetretene Wegerl und schließlich durchs Gestrüpp zu den Orther Inseln gelangen. Hier ist es hübsch, hier werden wir bleiben!

Kleinen Kindern kommt der künstlich aufgeschüttete Steinwall in Ufernähe zu gute. Hier kann problemlos im seichten und strömungslosen Wasser geplantscht und gegatscht oder können mit den Zehen wie in Lignano oder Caorle Mulden in den durchweichten Sand gegraben werden. Wie in einer großen Sandkiste findet sich hier in den Buchten das ideale Material für Burgen aus Sand und Kiesel in allen Größen. Vielleicht gibt es aber zur Abwechslung lieber mal einen Gugelhupf mit Muschelverzierung? Für die größeren Kinder hat der Nationalpark seine Klettergerüste in Form von

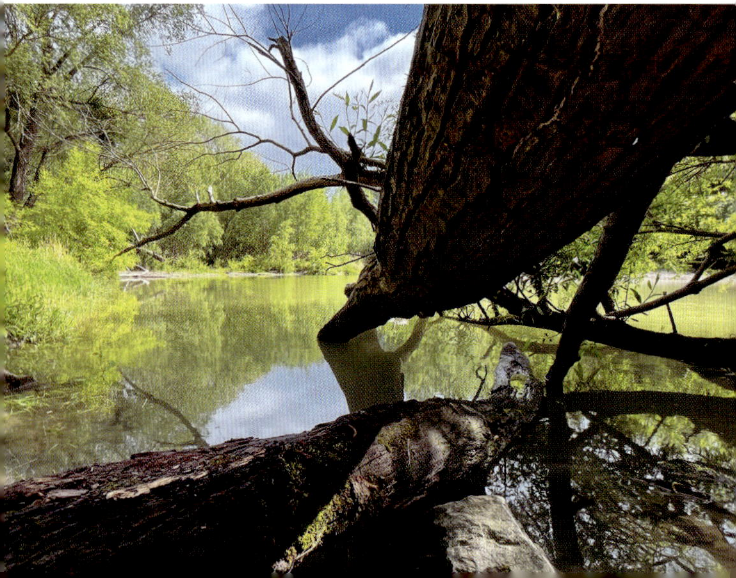

umgefallenen Baumstämmen und herabhängenden Lianen bereitgestellt. Und wer es kuscheliger und entrischer mag, verschanzt sich allein oder zu zweit ins Gebüsch. Insektenschutz nicht vergessen! Den wilden Wasserwald und die Seitenarme der Donau, an denen nicht gebadet werden darf, kann man mit Kanu, Schlauchboot oder Tschaike erkunden. Infos zu geführten Bootstouren unter www.donauauen.at.

Öffentliche Anreise: 550 (ab U2 Aspernstraße) › Orth Schlossplatz › 45min. zu Fuß oder S7 › Haslau › 20min. zu Fuß › Fähre
Öffnungszeiten: Zugang jederzeit möglich; Hunde an die Leine!

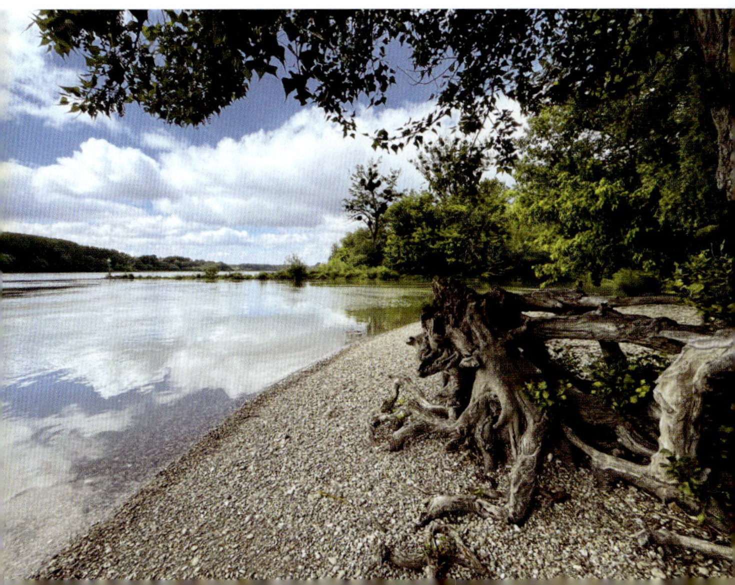

PLACE 38

Ungezähmt

Stopfenreuther Auterrasse

ADRESSE

2292 Stopfenreuth, Uferstraße 10, rechts Weg in den Auwald einbiegen

BESONDERHEITEN

- Kühles, klares Gewässer
- Sanfte Strömung, flache Einstiege
- Kieselstrand und idyllische Buchten

Wer öffentlich anreist, tut das am besten mit dem Fahrrad über den Donauradweg bis zur zweigeschoßigen Aussichtsterrasse in Stopfenreuth mit Weitblick und interessanten Schautafeln oder aber plant von der Bushaltestelle Stopfenreuth Uferstraße 20 bis 30 Minuten Fußmarsch ein. Geht man die Uferstraße bis an ihr Ende, gelangt man kurz vor der Absperrung durch den Yachtclub Marchfeld rechterhand auf einen Treppelweg, der in den Auwald hinein und rasch an die Strände der Donau führt. Am Ufer angekommen, eröffnet sich ein herrlich weitläufiges Panorama. Vor uns in der Ferne nicht nur die Hundsheimer Berge, sondern auch die »Golden Gate Bridge« des Marchfelds – die Andreas-Maurer-Brücke, die übrigens einzige Donaubrücke zwischen Wien und Bratislava. Wer den Badetag mit einem kulturellen Ausflug verknüpfen mag, macht einen Abstecher nach Bad Deutsch-Altenburg vis-à-vis drüben auf der anderen Donauseite und besucht das bekannte Museum Carnuntinum.

WC- und Sanitäranlagen sowie Imbisshütten gibt es keine. Und dennoch lässt es sich an diesem Badeplatz besonders gut fröhliche Stunden verbringen. Die weitläufige Arena aus klarem Donauwasser und verspielten Elementen, wie umgefallene Baumstämme und Totholz, das frech ins Wasser ragt, sowie Weiden, die uns unter ihren schützenden Ästen auf ein Schläfchen – und sei es nur für einen kurzen Powernap – einladen, sind betörend. Auch gut für kleine Kinder geeignet, führt der flach abfallende Kiesstrand ins Wasser mit einer wirklich nur sanften Strömung. Im Hochsommer

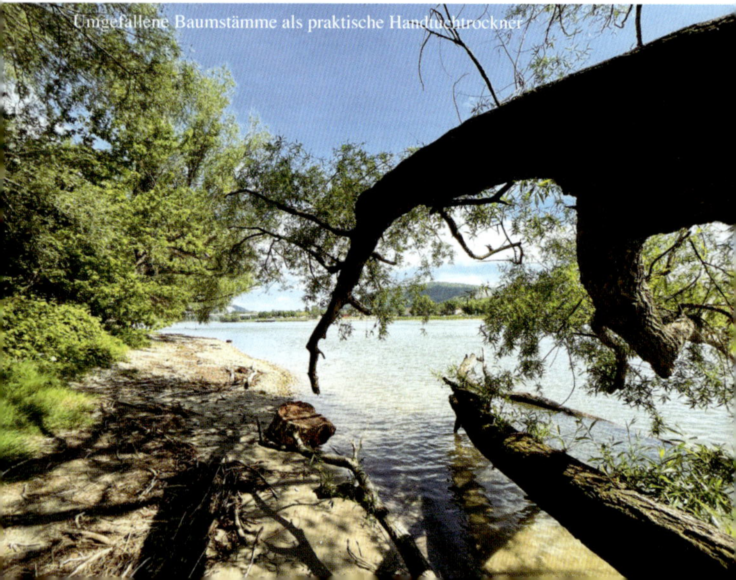

Umgefallene Baumstämme als praktische Handtuchtrockner

bekommt das Wasser manchmal bis zu 23°C. Wie ein Band schlängelt sich das großzügige Donauufer mit vielen idyllischen Buchten entlang des Waldrandes. Hier trifft man auch außerhalb der Saison auf Spaziergänger, die den am Badeplatz vorbeiführenden Nationalpark-Wanderweg schon liebgewonnen haben. Getränke, Proviant und Gelsenschutzmittel unbedingt in die Badetasche packen!

Öffentliche Anreise: 552 › Stopfenreuth Uferstraße (nur Mo-Fr) › 20min. zu Fuß oder S7 › Bad Deutsch-Altenburg › 7km per Rad
Öffnungszeiten: Zugang jederzeit möglich; Hunde an die Leine!

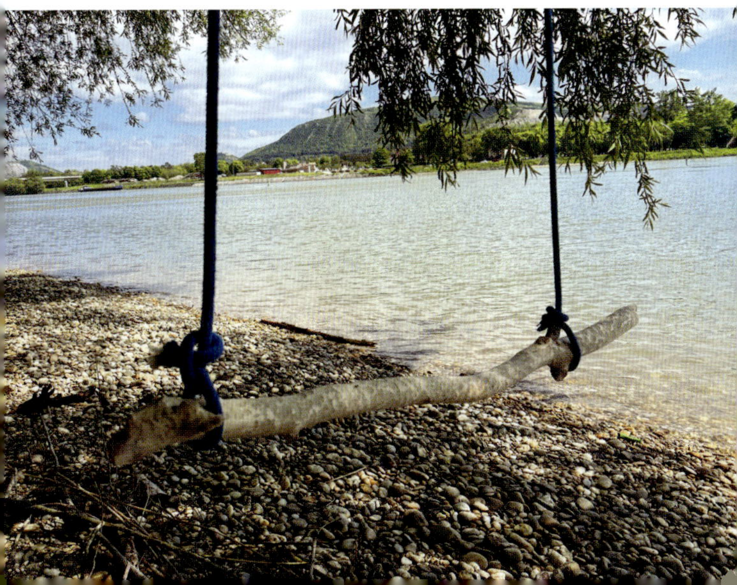

PLACE 39

Kraftvoll

Schwechat im Helenental

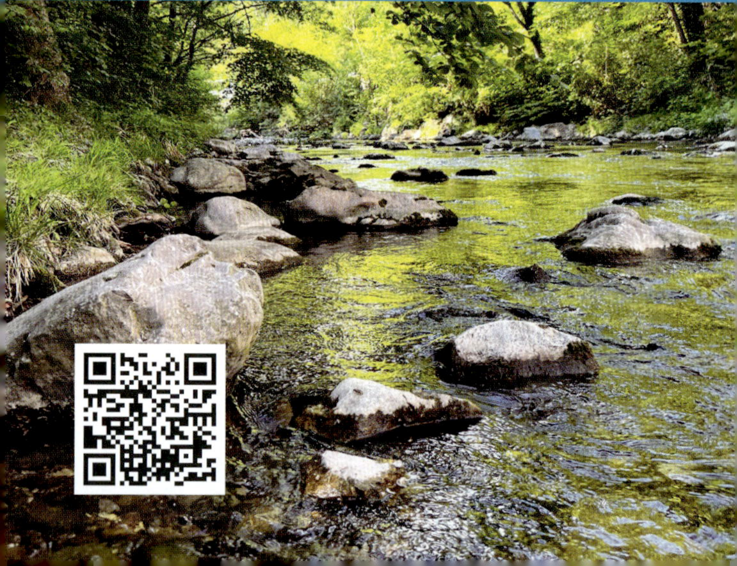

ADRESSE
2500 Baden bei Wien, an der Badener Straße, Antonsbrücke/Urtelstein

BESONDERHEITEN
- Meditative Stimmung
- Energie tanken am Kraftort
- Klares Gewässer

Zwischen Mayerling und Baden schlängelt sich die Schwechat gemächlich durchs Helenental und wird vom Radweg und seinen Besuchern begleitet. Besonders für Menschen mit Vierbeinern aber auch von Kindern sehr geschätzt, gibt es viele seichte und wenige etwas tiefere Stellen, an denen man inmitten des Wienerwaldes im schattigen Tal eintauchen und sich abkühlen kann. Zum Schwimmen reicht die Tiefe des Wassers zwar leider nicht, zum Sich-sitzend-im-Wasser-Abkühlen aber schon und Untertauchen ist je nach Wasserstand überhaupt nur sehr selten möglich. Dafür gibt es smaragdgrüne und kobaldblaue Farberlebnisse, kristallklares Wasser und – zumindest hier in der Schwechat – kaum Strömung. Die meditative Stimmung in Kombination mit dem erfrischenden Flussbad weckt die trübesten Geister. Nicht nur der Fluss, sondern auch man selbst kommt ins »Fließen«. Gedanken können losgelassen, Negatives transformiert und Pläne geschmiedet werden. Kaum ein Ort eignet sich besser dazu, um sich in eine ruhige und gelassene Stimmung zu versetzen und der verrückten Welt, dem Alltag oder gar dem Social-Media-Wahnsinn zu entfliehen. Kinder planschen im seichten Wasser, bauen Steinpyramiden und lassen das selbstgebastelte Boot aus Zweigen und Blättern in den Fluss gleiten. An der Flussbiegung zwischen Cholerakapelle und Urtelstein (GPS 48.017328, 16.182499) kann man zwar nicht in der Wiese liegen, dafür aber auf der großen Schotterbank herumlümmeln und gemütliche Stunden vor der Kulisse des sanft dahinplätschernden Gewässers ver-

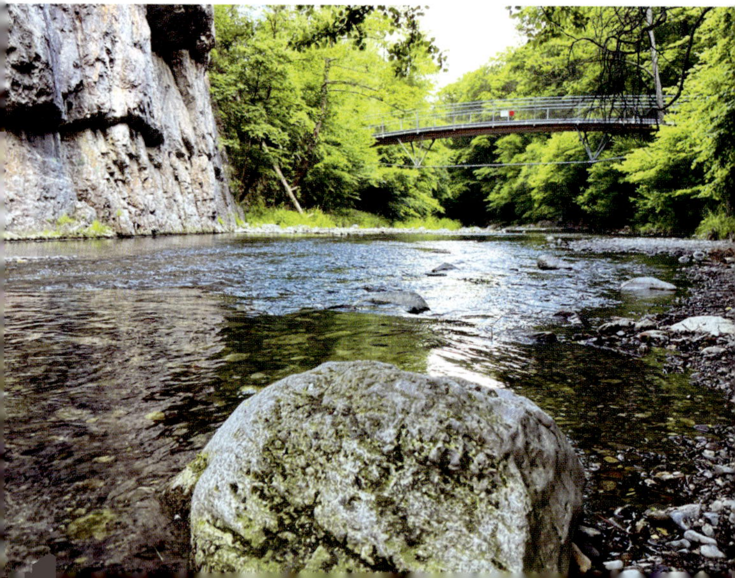

bringen. An der Badestelle Antonsbrücke/Urtelstein (GPS 48.015838, 16.196503) wird das Wasser gerne einmal tiefer. Unter dem großen Urtelstein sitzend, wird die Magie des Ortes spürbar. Ist es wirklich wahr, das sich hier ein Kraftort befindet, an dem sich einst Druiden versammelten, um ihren Göttern zu huldigen? Und stimmt das Gerücht, dass sich im Angesicht des Urtelsteins regelmäßig Esoterikerinnen treffen, um hier nackt ihre magischen Rituale zu zelebrieren?

Öffentliche Anreise: Regionalbus 306, 308 › Baden Jammerpepi
Öffnungszeiten: Zugang jederzeit möglich, Hunde erlaubt!

Zwischen Antonsgrotte und Henriettenbrücke

PLACE 40

Elementar

Schwarza im Höllental

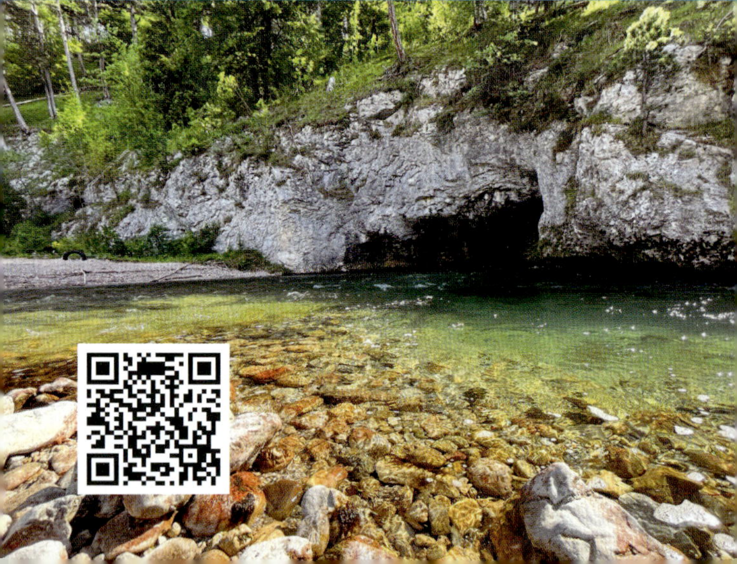

ADRESSE

2651 Hirschwang an der Rax, an der Höllentalstraße B27

BESONDERHEITEN

- Action und Entspannung
- Baden in reinstem Trinkwasser
- FKK – man kann, aber muss nicht

Umgeben von schroffen Felsen und tiefen Schluchten schlängelt sich die Schwarza entlang des 1. Wiener Wasserleitungsweges durch das romantische Höllental. Früher ihrer furchteinflößenden Aura wegen gemieden und verpönt, wird die Gegend Schneeberg/Rax heute von zahlreichen freizeithungrigen und sportbegeisterten Ausflüglern geliebt und regelmäßig besucht. Es sind die Klettersteige, Wanderrouten, Berggipfel und nicht zuletzt die wild-romantische Schwarza, die die Besucher anlockt. Ein Fluss, der seit nunmehr 150 Jahren die Stadt Wien mit reinstem Trinkwasser versorgt, sich aber auch durch seinen ungestümen Charakter zum Wildwasserpaddeln und mal mehr, mal weniger actionreichen Flussbaden eignet. Actionreich? Ja! Beispielsweise an der Flussbiegung GPS 47.718928, 15.807139 lassen wir uns ins eiskalte Wasser gleiten und mit der Strömung ein Stück weit nach vorne treiben, wo wir den Fluss an einer Schotterbank wieder verlassen. Es ist eine Riesengaude sich auf diese Weise der Wasserkraft hinzugeben. Das smaragdgrüne Wasser ist hier meist tief genug, um der Strömung noch Pfeffer zu geben und mit den eigenen Schwimmbewegungen zusätzlich Fahrt aufzunehmen. Aber aufgepasst: es gibt auch scharfe Kanten an den Steinen. Vielleicht Badeschuhe mitnehmen? Wandert man entlang des 3,9km langen Abschnitts des Wiener Wasserleitungsweges den Fluss entlang, findet man noch zahlreiche andere Stellen um – auch mit geringerem Actionfaktor – in der Schwarza zu baden und an den Buchten, Schotterbänken

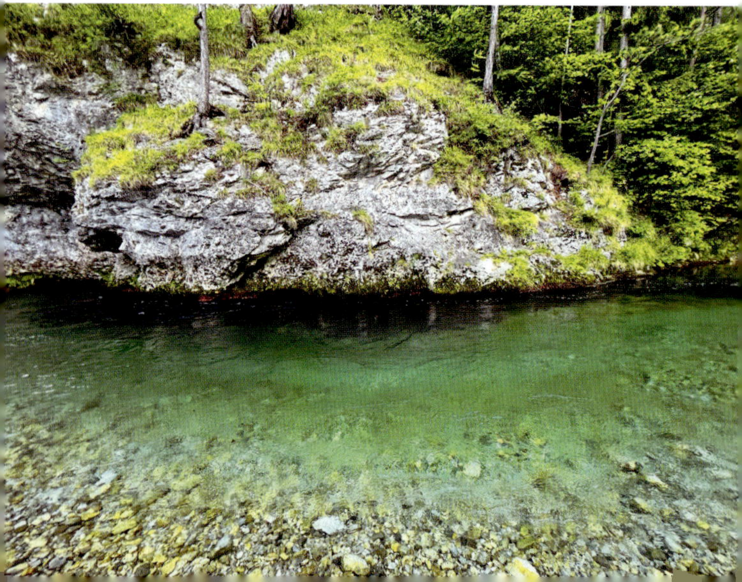

sowie Sand- und Wiesenflächen, die über schmale Pfade teils durch wildestes Gestrüpp erreichbar sind, Platz zu nehmen und herrlich faul in riesengroße Zeitlöcher zu fallen. Hier lassen wir die zauberhafte Stimmung auf uns wirken, wenn die Sonne durch die Felsspalten und Baumwipfel blitzt und das gesamte Tal in idyllisches Licht taucht. Es gibt hier nichts außer Erde, Stein, Wasser und Luft – nur pure, unverfälschte Natur und davon sehr viel. Was will man mehr?

Öffentliche Anreise: Linie 341 › Hirschwang Raxseilbahn
Öffnungszeiten: Zugang jederzeit an vielen Stellen möglich; Hunde erlaubt!

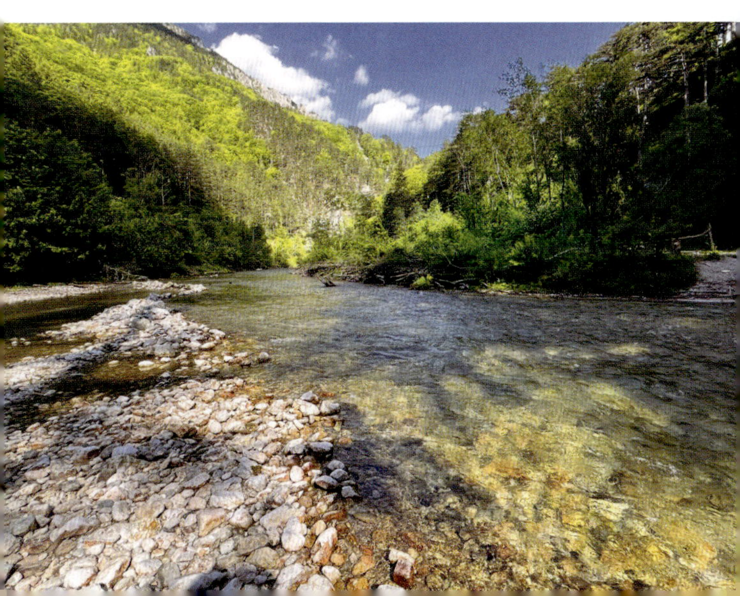

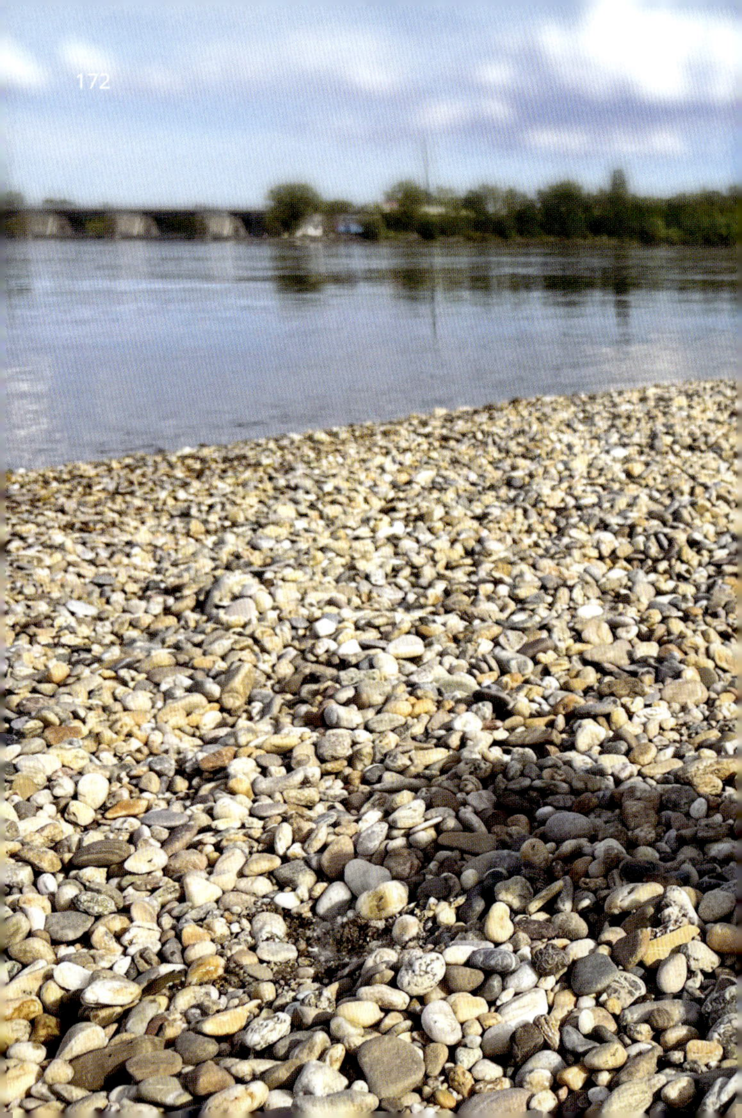

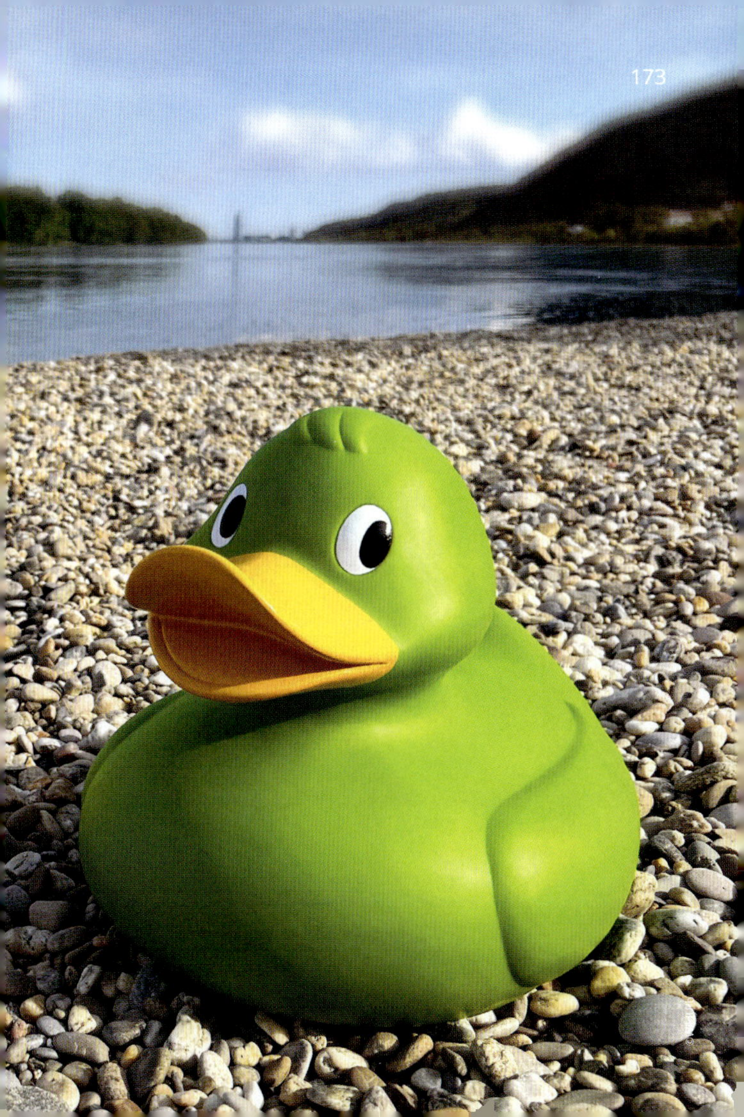

Ausgelassen

Hundezonen am Wasser & Hundebadestrände

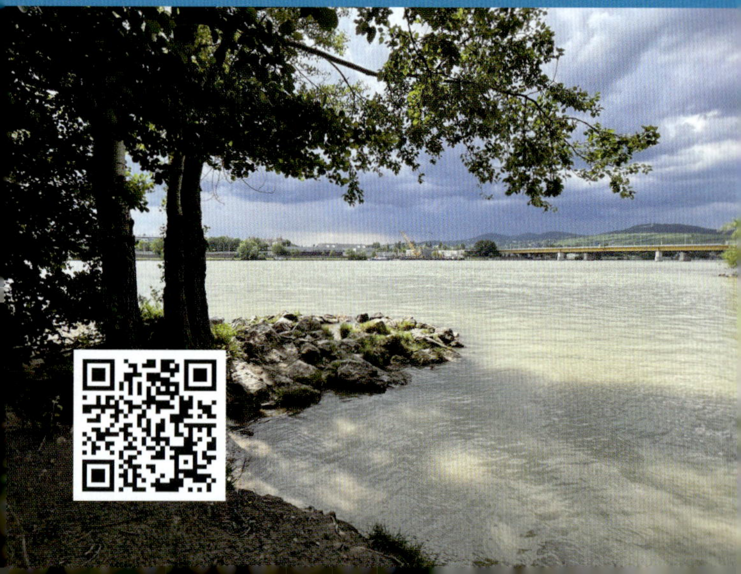

Alle Herrli's und Frauli's dieser Welt kennen das Problem: Es ist Sommer, es ist heiß, man möchte gerne schwimmen gehen, aber die Fellnase auf keinen Fall zuhause lassen. An den meisten Naturbadegewässern sind Hunde verboten. Also, was tun? Wir haben für euch die schönsten Places gefunden, an denen Schwimmen und Planschen mit Hund erlaubt ist.

1. Hundebadestrand Donauinsel Nord

Als »Dog's Paradise« könnten wir diesen Hundeauslaufplatz mit Badestrand betiteln. Sandstrände, die nahtlos und flach ins Wasser greifen, Inselzungen und viel Botanik bilden eine Komposition, als wäre man in der Südsee, nur eben mit heimischem Baumbestand. Oberhalb gibt es das Eskimo Eiscafe und nigelnagelneue Sanitäreinrichtungen.

1210 Wien, Donauinsel zwischen Floridsdorfer Brücke und Nordbrücke, am linken Donauufer, ab Kilometer 15,3 bis 15,8; Wasserzugang Donau; Öffentliche Anreise: 31 › Floridsdorfer Brücke, dann 5min. Fußweg

2. Hundebadestrand Donauinsel Süd

Ganz anders als im Norden unterscheidet sich dieser für Hunde freigegebene Teil der Donauinsel von seiner Anmutung her in keinster Weise vom Rest der Donauinsel. Es gibt die gewohnte Dreiteilung: Wiese-Asphalt-Wiese und eine daran angrenzende Uferzone, Betonstufen hie und da sowie ein Schwimmponton mit Steg circa in der Mitte der Zone.

1220 Wien, linkes Ufer der Neuen Donau ab Donaustadtbrücke bis Nähe Ostbahnbrücke, ab Kilometer 8,5 bis 9,2; Wasserzugang Neue Donau; Öffentliche Anreise: U2, 92A, 92B, 93A › Donaustadtbrücke

3. Hundezone mit Badestrand Angelibad/Alte Donau

Hier bleibt keine Fellnase trocken: die eingezäunte Hundezone direkt neben dem Angelibad und dem Gasthaus Neuer bietet nicht nur einen weitläufigen Sandstrand sondern auch gefühlt unendliche Hektar Auslauffläche. Die Hundetrainingsgeräte, wie die bunten Röhren, die Wippen und allerlei anderer Schnickschnack sorgen für zusätzlich Abwechslung.

1210 Wien, Ferdinand-Kaufmann-Platz 4; Wasserzugang zur Alten Donau;
Nutzungszeiten: Mo - Fr: 6:00 bis 22:00, Sa, So, Fei: 9:00 bis 18:00
Öffentliche Anreise: U6 › Neue Donau › 6min. zu Fuß

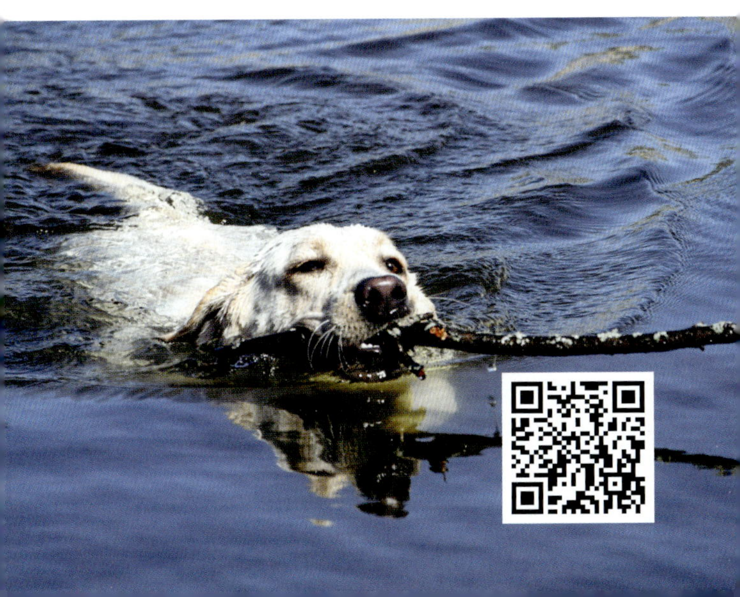

4. Hundezone mit Badestrand Teich Hirschstetten

Ab Spargelfeldstraße 119, am südwestlichen Ufer des Teichs, darf der Wauwau mit hinein ins kühle Nass. Mit über 27 Hektar ans Wasser angrenzender Hundeauslauffläche zählt Hirschstetten neben den beiden Donauinsel-Spots zu den attraktivsten Wiener Hundezonen. Während sich Labrador, Pudel & Co das Wasser aus dem Fell beuteln, beobachten wir vom mitgebrachten Liegestuhl aus das lebendige Treiben.

1220 Wien, ab Spargelfeldstraße 119
Öffentliche Anreise: 26 (ab Herbst 2025 auch 27) › Spargelfeldstraße

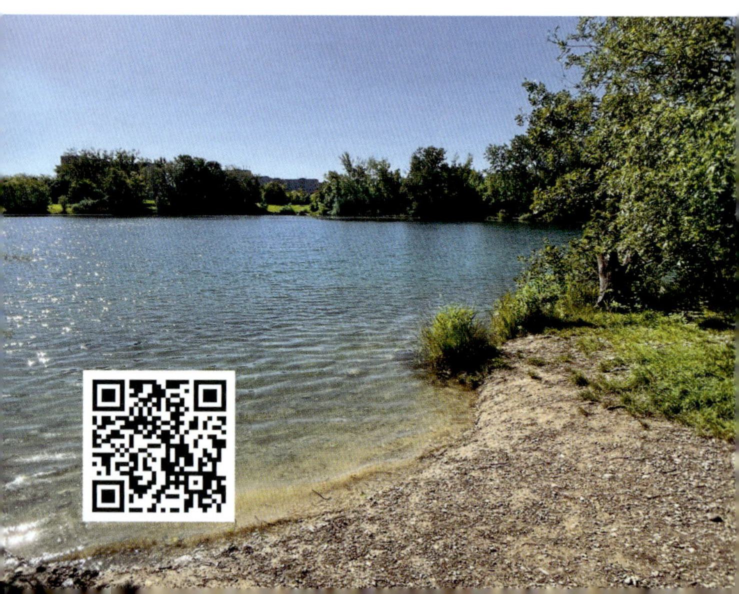

5. Hundezone mit Badestrand Teich Süßenbrunn

Am Südufer des Badeteiches gibt es auch für die vierbeinigen Lieblinge und ihre Herrli's und Frauli's genügend Platz. Da fliegen die Stöckchen und Ballis, da spritzt und schäumt das Wasser, da wird getollt und gerannt, geschwommen und geschnüffelt. Der Uferbereich in der Hundezone ist hier leider nicht so flach wie an anderen Hundebadestränden, sondern ein bisschen unwegsamer. Das macht uns aber nichts!

1220 Wien, Alte Straße 2/Wagramer Straße
Öffentliche Anreise: 25A › Badeteich Süßenbrunn; siehe auch Seite 38ff

6. Hundebadestrand Asperner See

Am östlichen Ende des Seeparks, an die Sonnenallee angrenzend, befindet sich in der gut 3.000m² großen und rundherum eingezäunten Hundezone der Hundestrand des Seeparks Aspern. Nicht nur öffentlich gut angebunden, sondern auch sehr gepflegt und mit flach abfallendem Kiesstrand ausgestattet, dürfen sich hier alle vor dem Antlitz moderner Stadtentwicklung im klaren Seestadtwasser abkühlen.

1220 Wien, Janis-Joplin-Promenade/Sonnenallee
Öffentliche Anreise: U2 › Seestadt

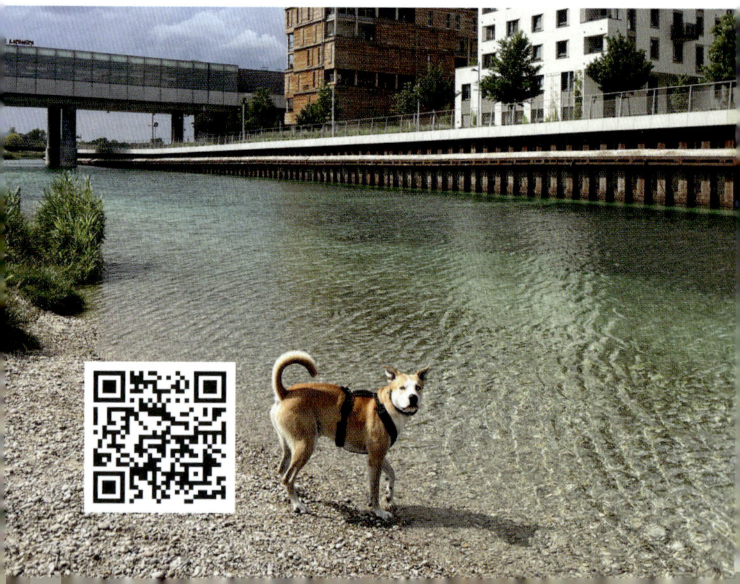

7. Weitere Places für Badespaß mit Hund

**Nationalpark Donauauen: mit Vorbehalt!*
Leinenpflicht beim Spaziergang durch die Auen zum Schutz für Wildtiere und gefährdete Arten.

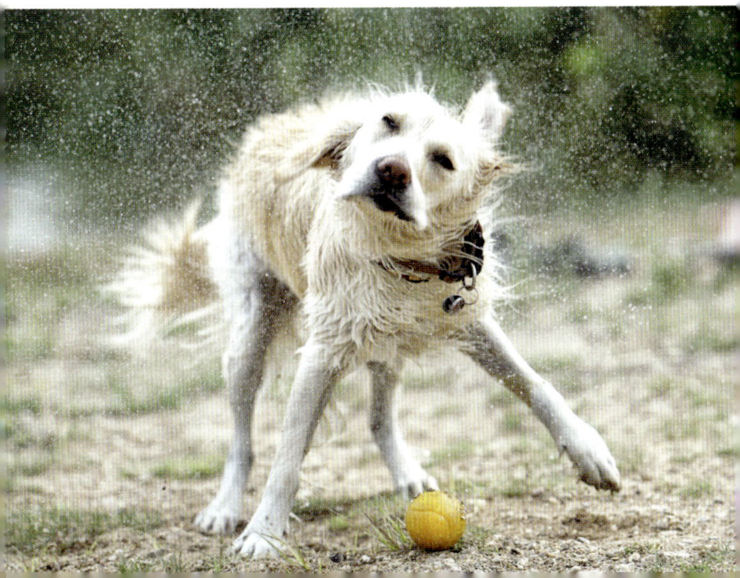

Mehr Abenteuer

Hier findest Du einen Auszug der WildUrb Buchserie und auf **www.wildurb.at** unser gesamtes Verlagsprogramm.

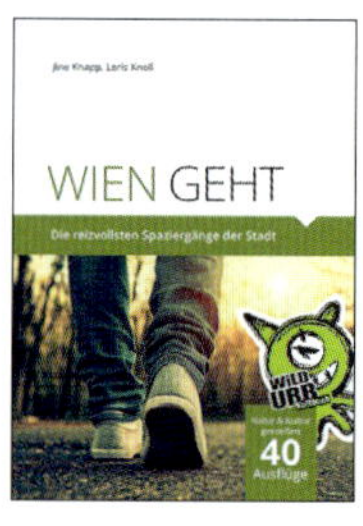

WIEN GEHT

Die reizvollsten Spaziergänge der Stadt

Abenteuerlich oder erholsam, historisch oder modern, lieblich oder verwegen, kontrastreich oder grün, alleine oder gemeinsam: Einfach gehen. Durch Wien.

Alle Touren via QR-Codes online abrufbar.

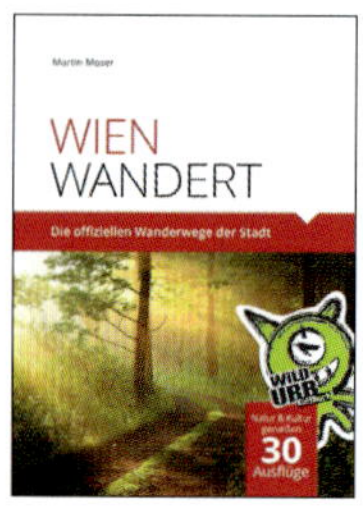

WIEN WANDERT

Die offiziellen Wanderwege der Stadt

Alle offiziellen Stadtwanderwege und Naturlehrpfade Wiens, »rundumadum« in 7 Tagesetappen sowie Informationen über Grillplätze, Naturdenkmäler, Stempelstationen uvm.

Alle Touren via QR-Codes online abrufbar.

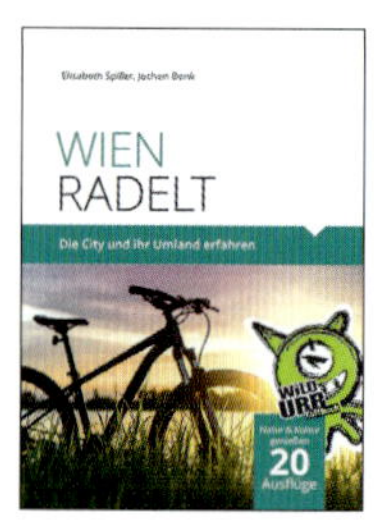

WIEN RADELT

Die City und ihr Umland erfahren

20 Radtouren führen Dich in das liebenswerte Wien hinein und drum herum. Mit dem Radl die Stadt und ihr Umland erkunden und frische Luft und Lebensfreude tanken.

Alle Touren via QR-Codes online abrufbar.

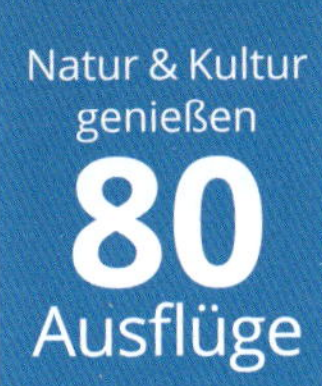

Endlich Wochenende

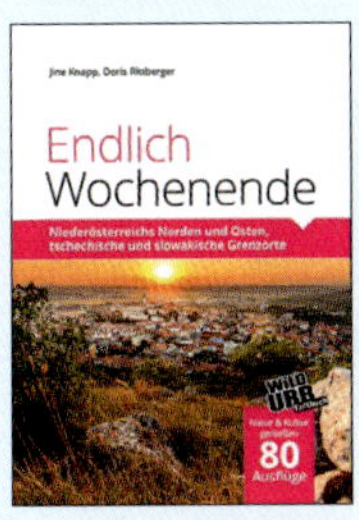

ENDLICH WOCHENENDE 1

Niederösterreichs Norden und Osten, tschechische und slowakische Grenzorte

80 Touren entführen in 40 wundervolle Orte. So abwechslungsreich kann Wochenende sein.

Mit Wegbeschreibungen.

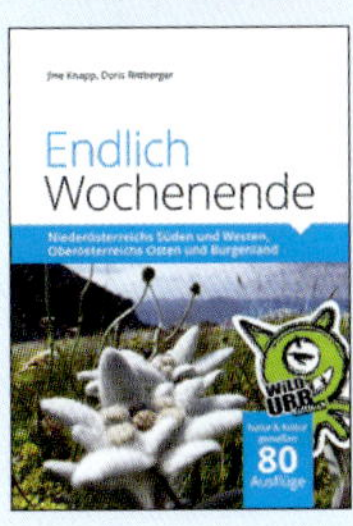

ENDLICH WOCHENENDE 2

Niederösterreichs Süden und Westen, Oberösterreichs Osten und Burgenland

80 Mikroabenteuer an 40 bekannten und unbekannten Orten erleben.

Alle Touren via QR-Codes online abrufbar.

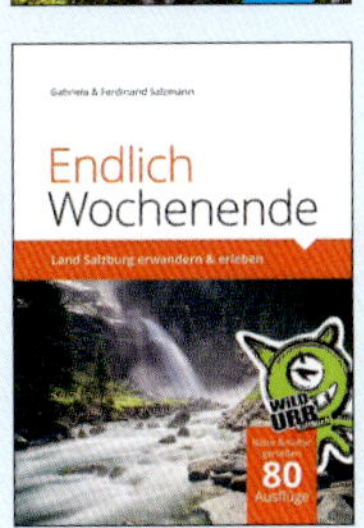

ENDLICH WOCHENENDE 3

Land Salzburg erwandern & erleben

80 spannende Wanderungen in 40 Gemeinden. Entdecke das Land Salzburg vom Süden bis in den Norden und durch die einzelnen Gaue, auf bekannten und unbekannten Routen.

Alle Touren via QR-Codes online abrufbar.

WildUrb Places-Edition

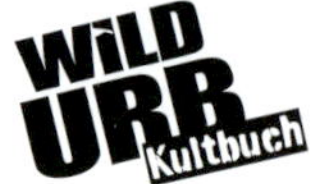

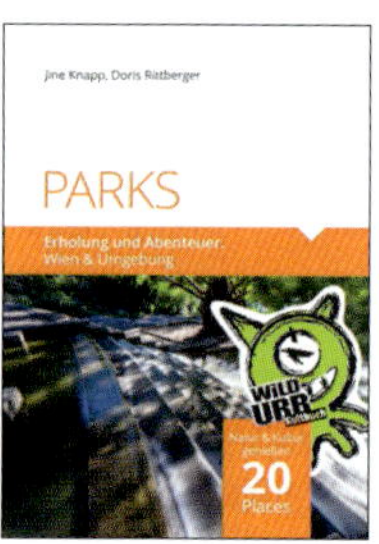

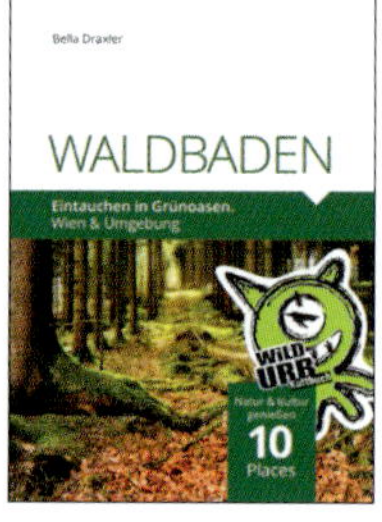

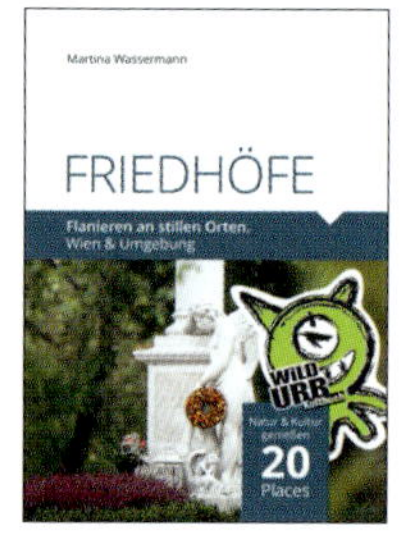

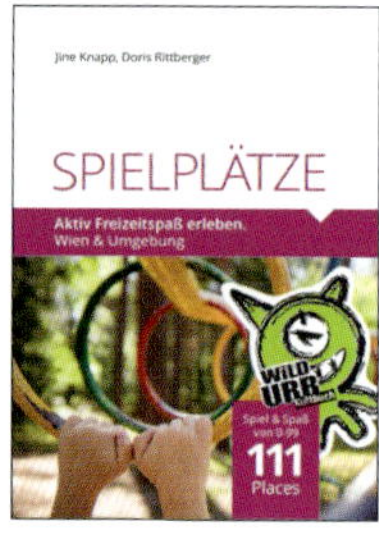

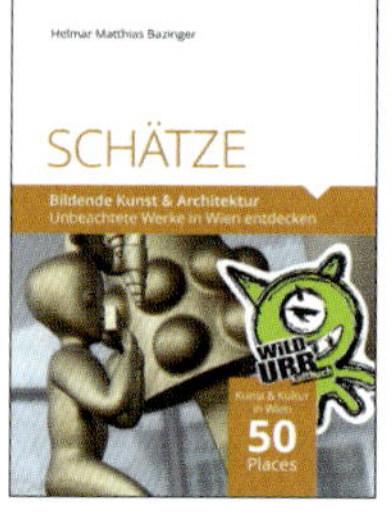

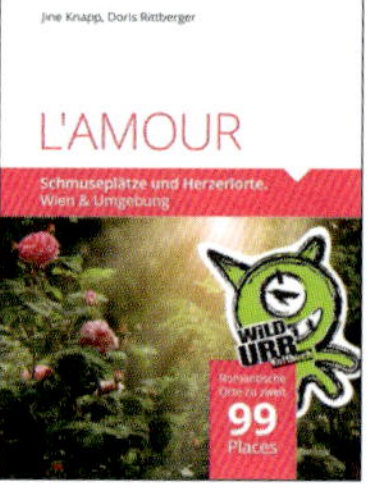

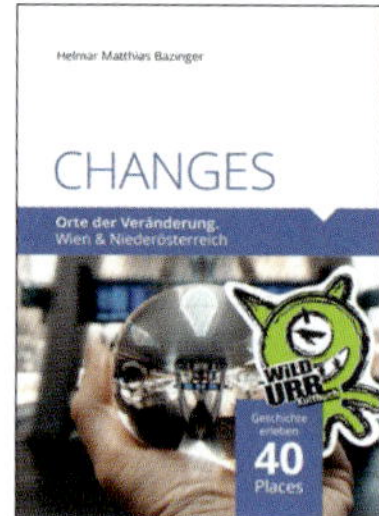

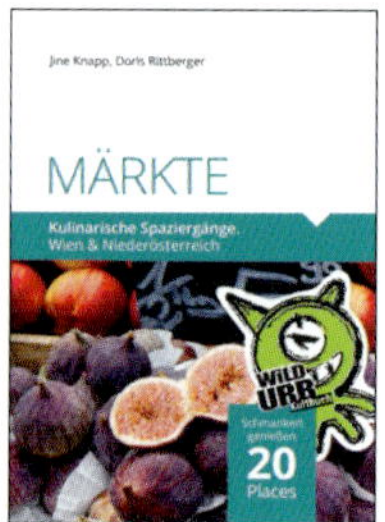

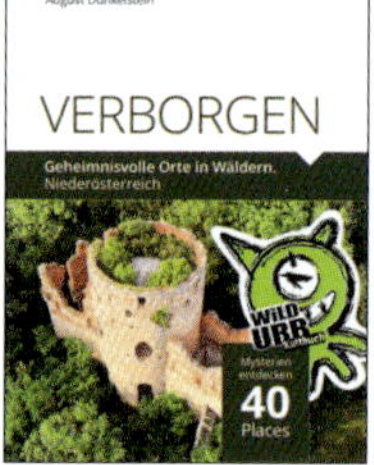